萌える！
エジプト神話の
女神事典

古代エジプト女神MAP

※「上エジプト」はナイル川の上流部、「下エジプト」はナイル川の下流部を指します。
※「ノモス」は古代エジプトの行政区の名前です。くわしくは 27 ページで説明します。

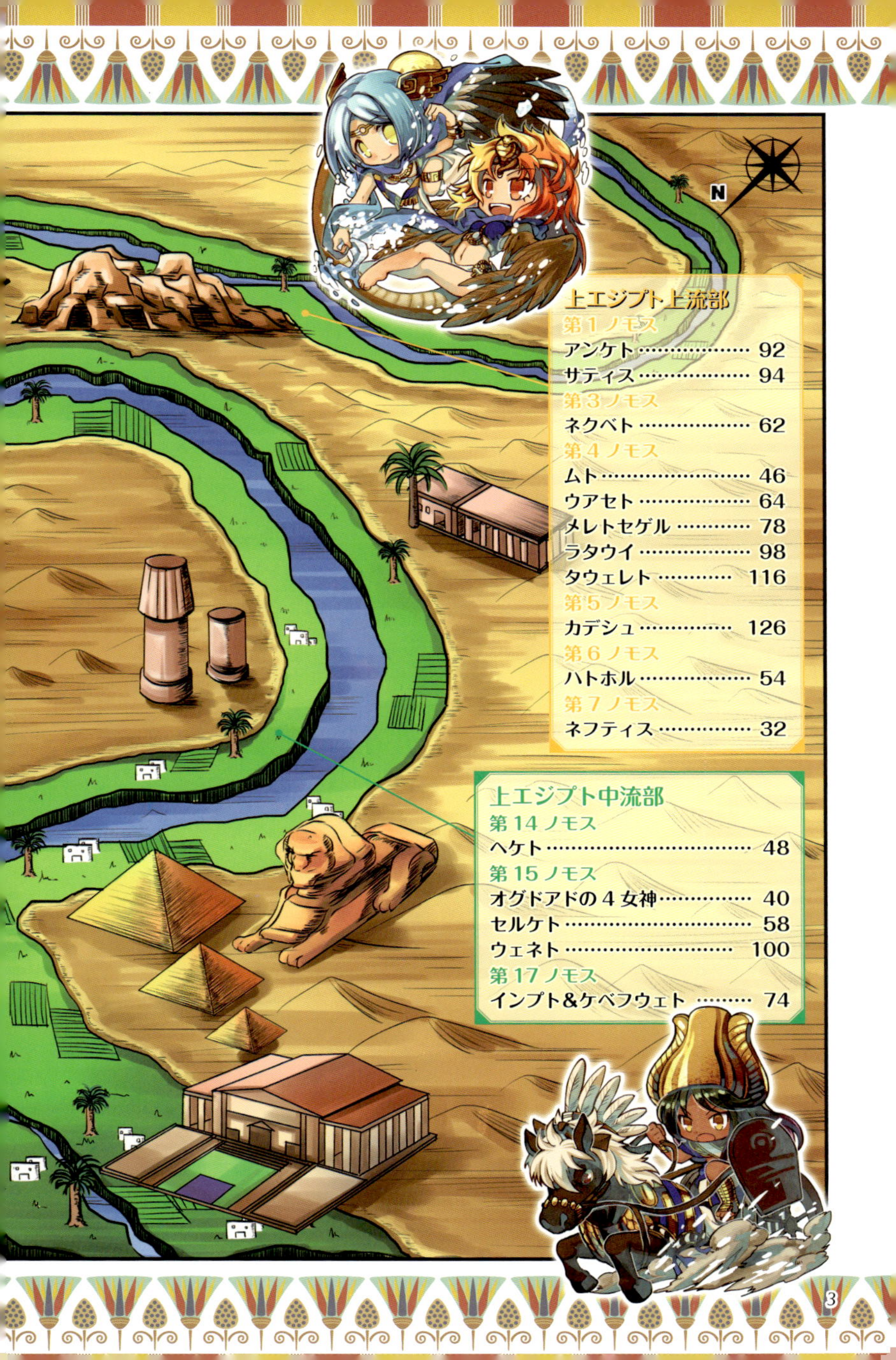

上エジプト上流部

上エジプト中流部

大学の調査隊に
くっついて
あこがれの
エジプトに来てます
わたしは
三好睦美……
“よしむー”
ぴょん
あ、
待ってテト!!
にゃ?
トトト…
なに?
どうしたの
テト……
ゴゴゴゴ
……って、
ゴゴゴ?
ガラガラ
うわぁぁあー!!
ガガラ
にゃあああああっ!
ピシィ

わ、わたしは
どうなって……
ガバ
パチ
残念ながらよしむーは
落盤に巻きこまれて
死んだのにゃ～
はっ!?
それで、
あなたは？
にゃんは
バステトにゃん
ほらにゃ
ぴゃっ
……大惨事!?
ばすて……
神様!?
にゃんはよしむーと
ずっといっしょに
いたにゃよ？
ほらにゃ！
うわっ！
グロっ！
そんにゃわけで…
…とりあえず！
お～っ!!
って、
とりあえずなの!?
生き返るために
マァトのところへ
行くのにゃー！
本編へ続く!!

案内役のご紹介!!

読者のみなさんにエジプト神話の世界をご案内する、３名の案内役をご紹介！

……だめです。

えー、なんでニャ！
マアトは冥界の神様とトモダチなはずニャ！　ちょっと復活くらいできるはずニャ！

死者の復活は厳密な**ルール**にしたがって行われるのです。
最短でも死んでから60日は待たないといけませんし、
神々に敬意を持たない人間を裁きの間に入れるわけにもいきません。

はいはいっ!!　そういうことなら自信あります！
こう見えても大学にはいってからエジプト考古学専門だし！
真理の女神のマアト様に会えてすっごく光栄です～!!

ほう、私が何の女神か知っているのですか。ただの異邦人とはすこし違うようです。
それならば、あなたがこのエジプトで復活するにふさわしい魂かどうか、
この真理の女神マアトが、冥界の君主オシリス様に聞いてあげましょう。

発掘作業で死人が出るって
映画じゃお約束だけど、
まさか自分が死んじゃうなんて
思いもしなかったよ～。
……本当に復活できるのかなぁ？

三好（みよし）むつみ（よしむー）

エジプト考古学を学ぶ、日本の女子大生。不思議やミステリーに目がなく、大発見のニオイをかぎつければ即時突撃してしまう鉄砲玉気質。

ファラオの墓の発掘作業中に、落盤事故にあって絶命。死者として冥界に迎え入れられた。これからの人生に戦々恐々としつつも、一方であこがれの古代エジプト神話にワクワクしちゃってもいる19歳なのだった。

飼い猫の正体は女神猫!?

じゃじゃーん！
じつはテトにゃん、
神様だったのニャー！
やっとよしむーと
お話しできるようになったニャン。
一緒に冥界探険にしゅっぱつニャン！

テトにゃん（バステト）

「エジプト神話の女神バステト」を自称する女の子。もとはむつみの飼っている黒い子猫だったが、むつみと一緒に落盤事故に巻き込まれてこの姿になった。（どうやら本物らしい……）

死んでしまったことを気にしている素振りがまったくなく、むつみと一緒にいたり、おしゃべりできれば満足らしい。

万事キッチリ見極めます

復活したい気持ちはわかります。
ですが規則は規則です。
復活にふさわしい魂であることを
証明してもらいますよ。

マアト

エジプト神話の「真理」の女神様。死んでしまったむつみの魂にどのくらいの価値があるのかを見定めるため、むつみの冥界～神界旅行に同行することになった。

世界の「真理」を担当しているため、何事もきっちりしていないと気が済まない性格。最近はスマホの保護シールがまっすぐ貼られていないことにイライラしている模様。

ゲストのご紹介！

冥界神オシリス

死者の住む世界である地下世界を管理する偉大な神様。死者の裁判で裁判長をつとめる。偉大だけれど人が良くて優しい。顔が緑色なのは、エジプトでは死者の肌を緑色で描く習慣があるせい。

冥界神アヌビス

オシリスの部下として冥界で働く、ジャッカルの頭を持つ神様。死体をミイラに加工する腕前では右に出る者がいない。

……というわけなのニャ、オシリス様。
よしむーを現世に復活させてあげてほしいニャ！

うわぁ、せっかく遠い国から来てくれたのに、運が悪かったねえ。
うん、わかった、それじゃあすぐに復活を……。

ダメです。
オシリス様、正式な手順をふまずに死者を復活させるのは、真理に反しています。

うう、マアト君はきびしいなあ。
わかったよ、それじゃあいつもどおりの手順で審判の準備をはじめよう。
マアト君は彼女……よしむーさんだっけ？　彼女の準備をしてあげて。

承知しました。それでは、神々のもとを巡りながら、彼女がどのくらい神々と物語を知っているのか、どれだけ敬意を払っているのかを、この私、真理の女神マアトがキッチリと確かめてきましょう。ふたりとも、冥界「ドゥアト」に行きますよ！

よかったー、一時はどうなるかと……。
神話についてはまっかせて！　大学でちゃんと勉強したんだから！
でも、神話を神様から直接聞けるなんて。ちょっと得しちゃった気分だよ～！

10ページから、冥界ツアーのはじまりはじまり！

はじめに

悠久の砂漠にそびえ立つ巨大なピラミッド。極彩色で描かれた壁画の数々、そして黄金の棺におさめられた古代のファラオのミイラたち……。
数ある古代文明のなかでも屈指のインパクトと知名度を持つ古代エジプト文明は、世界中の歴史好き、神話好きのあこがれの的でした。

古代エジプトは「神の国」と言ってもよいほど多様な神と信仰があり、そのなかにはオシリスとイシスの夫婦神、太陽神ラー、猫の女神バステト、ミイラの神アヌビスなど、国際的に知名度の高い神も数多くいます。
そしてエジプトには男性と女性をセットで考える文化があり、ほかの神話より多くの女神がいるのも特徴です。

この「萌える！エジプト神話の女神事典」では、古代エジプトの時代に信仰されてきた女神たちを、女神の役割や出身地ごとに 6 つに章分けし、40 組 47 名を素敵なイラストともに紹介しています。また、各女神が信仰された場所、エジプトの古代文字「ヒエログリフ」で表現された女神の名前など、エジプトならではの要素も用意しました。
巻末の資料パートでは、意外と知られていないエジプト神話の基本を解説するほか、古代文字ヒエログリフを読み書きする方法も紹介します。

この一冊で、古代エジプトやエジプト神話にくわしくなってください！

凡例と注意点

凡例

本文内で特殊なカッコが使われている場合、以下のような意味を持ちます。
・『　』……原典となっている資料の名前
・《　》……原典を解説している資料の名前

固有名詞の言語について

古代エジプト文明の多くは、古代ギリシャを経由して西欧世界に紹介されました。そのため古代エジプトの神々や地名などの固有名詞には、古代エジプト語ではなく、古代ギリシャ語の名前のほうが有名になっているものが少なくありません。
本書では世間的な知名度を重視し、ギリシャ語の名前のほうが有名になっている名称については、ギリシャ語を優先して表記します。

その他の固有名詞について

固有名詞について複数の表記法がある場合、もっとも有名で通りのよい表記法を使用します。そのため人物の名前などが、みなさんの知っている名前とは別の表記法で紹介されていることがあります。

ネコでもわかる！
エジプト神話
はじめて講座

ところでバステト、
エジプト神話とは何かわかりますか？

わっかんないにゃ〜ん！

……（沈黙）

わ、わかるにゃん！　エジプトっていえば……

ピラミッド
とか……
ファラオ
とか……
ミイラ
にゃん！

たしかに、エジプトと聞いてまっさきに思い浮かべるのはそのあたりでしょう。
ですがそれは古代エジプトであって神話ではないですね。
もう一度質問です、エジプト神話とは何ですか？

え、エジプト神話はエジプトの神話ニャン！

まあ、たしかに合ってるかな……？
ともかく、そのエジプト神話のことを、もっとくわしく教えてもらおうよ。

エジプト神話はじめて講座①

ナイル川が育(はぐく)んだ古代神話!

それでは、はじめての人にもわかりやすいように、
「エジプト神話」とは、いったいどんなものなのかを紹介していきましょう。

"世界4大文明"のひとつだよ!

古代エジプトの文明は、世界の文明の起源になったという「世界４大文明」のひとつです。４大文明はどれも、大河の流域で発展しました。エジプトの場合は「ナイル川」です。

最近では「４大文明は世界の文明の起源ではない」という説が主流ですが……エジプト文明が、世界屈指の有力な古代文明だったことは間違いありませんよ。

世界の4大文明はこれ!

- ・エジプト文明（エジプト）
- ・メソポタミア文明（中東）
- ・インダス文明（インド）
- ・黄河文明（中国）

ところで……　エジプトってどこにあるの?

地図を見てみよう！　エジプトの位置はここ！　アフリカ大陸の北東のはじっこだね！

現代の「エジプト・アラブ共和国」はだいたい四角い領土だけど、古代エジプトの人たちは、ナイル川の流域の細長いところだけが「エジプト」だと思ってたらしいよ。砂漠は外国なんだってさ。

ここが古代エジプト

スペイン
イタリア
トルコ
黄色いところが
現代のエジプト
サウジ
アラビア
サハラ砂漠
赤く塗られた
ナイル川流域が
古代エジプトの領域
アフリカ大陸

つまり
エジプト神話
とは……?

古代エジプトのナイル川流域に住む人々が信仰していた神々のお話だよ!

やっぱり！「エジプトの神話」であってたニャン！
テトにゃんもナイル川の下流のほうで人気があった神様なのニャ！

エジプト神話はじめて講座②

一番エラい神様はだれ？

それは、テトにゃんなのニャ〜！

バステト、さすがにそれは無理がありますよ？
……間違い、とは言い切れないのが度し難いところなのですが。
エジプトには「一番偉いのはこの神だ」というキッチリした定義がないのです。

街の神様がみんな別々！

そもそも古代エジプトでは、街ごとに違う神がいます。
信仰のあり方が、国全体で統一されていないのですよ。

古代エジプトという国は、ナイル川流域に作られた何百という都市が、ゆるやかにつながって共通の王を持つという「寄り合い所帯」でした。以下の図は、古代エジプトの主要都市と、その都市でもっとも重視された「主神」の一例です。

"国の主神"も時代ごとに別々!

さらに言えば、エジプトの王家が信仰していた神も一定しません。
王の家系が変わるときに、主神を変えることがあるからです。

古代エジプトは、統一王であるファラオが、神の権威を借りてエジプト全土を統治していた国です。そのため、ファラオと王家は複数の神を同時に崇拝しましたが、そのなかでもっとも重視する神が、エジプトの「主神」だと言うことができます。

ですが、エジプトの王家は内乱や権力闘争によって何度も代替わりしています。王家が代替わりしたり、政治的状況が変わると、右の表のように、王家の主神が入れ替わってしまうことがあるのです。

各時代のファラオが崇拝した神

時代	王朝	主神
紀元前 3150 年〜前 2613 年	第 1 〜第 3 王朝	ホルス
紀元前 2613 年〜前 1650 年	第 4 〜第 13 王朝	ラー
紀元前 1650 年前後	第 14 王朝	セト
紀元前 1663 年〜前 1567 年	第 15 〜第 18 王朝	ラー
紀元前 1567 年〜前 1375 年	第 18 王朝	アメン=ラー
紀元前 1375 年〜前 1360 年	第 18 王朝	アテン
紀元前 1360 年〜前 332 年	第 18 〜第 31 王朝	アメン=ラー
紀元前 332 年〜前 30 年	プトレマイオス朝	セラピス

イチバンの神様が決まってない……?
……つまり、テトにゃんがイチバンでも OK ってことなのニャ!

はいはい、わかったわかった。
テトが満足なら、もうそれでいいよ〜。

ともかく私が言いたいのは、時代や場所によって、神の設定にブレがあるということです。**本っ当に**不本意ではありますが、矛盾する設定があっても「そう考えていた人もいたんだな」と考えてください。

神々が住む冥界「ドゥアト」にいこう!

最低限知っておくべきことは説明しました。さっそく出発しましょう。
その階段を下りた先が、次にあなたが向かう世界「ドゥアト」です。死者が暮らし、神々が集う冥界ですよ。

し、死者が暮らす世界ぃ!? って、そういえば私死んでるんだった!
うう、でもちょっと怖いなあ。
ホントに大丈夫なんですかマアト様〜!?

次のページから、エジプト神話の世界に突入!

たいへんだ！
エジプト壁画になっちゃった！
えっ、なにこれ？
テト、姿が変わっちゃったよ!?
よしむーもニャ！
エジプトの壁画そっくりニャ！
(自分の手を見て)うわ、ほんとだ！ペラッペラのうすうすになってるよー。
ニャ～？　おまけに、なんかちっちゃい絵がたくさんくっついてきてるニャ。

その小さな絵は、あなたたちの名前を示す神聖文字「ヒエログリフ」です。
地上にいたころの姿のままでは、冥界では目立ちすぎますからね。
神話の世界になじむため、しばらくはその姿でいてもらいます。

どうして真横を向いてるの？

エジプトの墓や神殿にある絵は、どの絵も非常によく似た構図で描かれます。

なぜならエジプト美術では、人間や神の描き方に厳しいルールが決められていたからです。

エジプト美術における人物の描写ルール

- **肩と胸は正面向き、顔、腕、腰、足は横向きで描く**
- **頭、胴体、足の大きさには一定の比率がある**
- **地位の高い人物ほど大きく描く**
- **「永遠性」を示す安定した姿勢で描く**

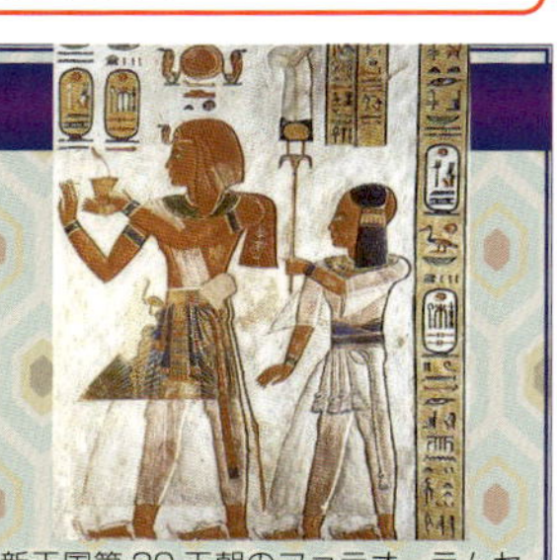

新王国第 20 王朝のファラオ、ラムセス 3 世とその息子ケムワセト王子。ルクソールのケムワセト王子墓にある壁画で、エジプト美術のルールが忠実に守られている。

エジプト神話はじめて講座③

ヒエログリフは聖なる文字だ！

さて、私たちの姿にくっついてきているこの小さな絵は、「ヒエログリフ」と呼ばれる、古代エジプトで使われていた独特の文字です。
勘違いされがちですが、実は「ヒエログリフ」という名前は、古代エジプト人がつけた名前ではありません。

エジプト人がつけた名前じゃない？
……つまり、どーゆーことニャ？

ヒエログリフは、古代エジプトに複数存在した文字のなかで、もっとも権威と格調が高い「聖なる文字」です。日常生活ではこれを簡略化した字を使っていました。

今から約 2000 年前、古代エジプトはギリシャ人に統治されていました。神殿などに描かれているエジプト独特の文字を見た彼らは、これをギリシャ語で、

ヒエロス ἱερὸς 聖なる ＋ グリフォ γλὺφω 彫る

すなわち意味は……　**聖刻文字**（せいこくもじ）

と呼びました。この「ヒエロス・グリフォ」がヨーロッパの諸言語に訳されて「ヒエログリフ」と呼ばれるようになったのです。あくまでギリシャ人がつけた名前であり、古代エジプト人自身による呼び名はわかっていません。

エジプト第5王朝のファラオ、ウナス王のピラミッド内部に描かれているヒエログリフの文章。

この本では、紹介する女神の名前を、ヒエログリフつきで紹介します。そしてヒエログリフの読み方もマスターしてもらいましょう。

165 ページからは、ヒエログリフの読み方を紹介！

エジプト神話はじめて講座④

この本をもっと！深く読むためには？

それではこれより、エジプト神話に登場する女神たちを紹介しましょう。女神の話を聞くにあたって、女神のプロフィールの読み方を事前にマスターしておくと、より楽しくこの本を読むことができますよ。

ポイント1！ “データ欄”に注目っ！

ページ左上のデータ欄には、女神の名前、出身地、名前の意味などを説明するデータがまとめられています。
どのような情報が載っているのか、読み方を紹介していきますよ。

信仰拠点　女神の聖地や、その女神への信仰が特に盛んだった地域です。エジプト全土で信仰された女神が特定の拠点を持つ場合は、スラッシュ（／）で区切り、「全域／（拠点の名前）」のように表記します。

女神の名前

データ欄 1

神名種別……名前がどの国の読み方なのかを表記
配偶神………女神の夫とされる神
神聖動物……女神と関連づけられる聖なる動物

データ欄 2

ヒエログリフ……神の名前のヒエログリフ表記
エジプト名………古代エジプト語での神の名前
名前の意味………名前の古代エジプト語での意味

えっ、古代ギリシャ語の名前ってどういうこと？

くわしくは、右のページの囲みで説明しましょう。

ふたつの解説文に注意!

すべての女神には「オモテの顔」と「ウラ事情」があります。
各ページの解説文は、それぞれふたつの側面から女神を紹介していますよ。

ヘリオポリス神話の女神

良妻賢母な大魔法使い
イシス

神名種別：古代ギリシャ語　配偶神：オシリス

エジプト名：アセト
名前の意味：座席

下エジプト第9ノモス「アンジュティ（ブシリス）」

もっとも崇拝された女神

イシスは人間の女性の姿で表される時は、長いシース・ドレスという衣服を着ている。頭上に自分の名前をあらわすヒエログリフか、日輪のついた角をいただいている。腕が翼となっていることもある。シストラムというガラガラのような楽器や杖を持っていたり、メナトというビーズ紐を束ねた首飾りをつけている事もある。直立姿勢で描かれることが多いが、ひざまづいていることもある。手を顔の前に上げて哀悼のポーズをとったり、近くに夫神であるオシリスがいる場合はそれを抱擁して守っている。また、サソリや鳶、雌豚や雌牛などの姿をとることもある。

紀元前1360年ころの壁画に描かれた、翼を持つイシス。

イシスは、とても広い地域で、長く信仰された女神だ。エジプトだけでなく、ギリシャやローマ帝国、イギリスにもその崇拝の跡が残っている。エジプトのフィレー島にあったイシス神殿は、エジプト王朝からローマ帝国に引き継がれて次々に拡張されていき、最終的にキリスト教が拡大する6世紀まで存続した。

この女神の起源はよく分かっていない。この女神の発祥の地や、埋葬された地というのがエジプトに見つからないのだ。しかし彼女は神話においてはさまざまな苦難を乗り越えて強い呪力を身につけ、息子ホルスをエジプトの王にする。そして現実世界ではさまざまな神の力を手に入れ、王から庶民まで幅広い層から信仰された。最終的にはイシスの力によって大地は天空から引き離され、星や太陽、月などの進路も決定されたとまで言われる、宇宙の調和をつかさどる大女神となる。

殺された夫を探し当てる。

イシスは大地の神ゲブと天空の女神ヌトのあいだに生まれた。兄のオシリスと結婚し、彼がエジプトを統治するのを助けたのである。オシリスは良き王として人間に崇拝され、その治世は安泰かに思えた。しかし、イシスたちの弟であるセトはオシリスに嫉妬し、彼を殺して自分が王になった。イシスは海に投げ込まれたオシリスの死体を見つけてエジプトに戻ってくるが、セトに死体を奪われてしまう。セトはオシリスの

28

ひとつめの文には……

女神サマのオモテの顔!

女神の外見、能力、神話での活躍など、神話や信仰の表舞台で女神がどう紹介されているかを記述します。

ふたつめの文には……

女神サマのウラ事情!

女神の「オモテの顔」が完成するまでにあった紆余曲折（うよきょくせつ）、あまり知られていない事実などを紹介します。

女神サマのウラ話？　たのしみ～！
どんな意外な話が聞けちゃうのか、ドキドキするね！

どうしてギリシャ語の名前があるの？

実は古代エジプトは、ギリシャ人に支配されていたことがあります。紀元前４世紀の征服王「アレクサンダー大王」は、中東、エジプト、インドを征服した直後に死亡し、エジプトは大王の部下であるギリシャ人、プトレマイオス将軍の王国となったのです。有名なクレオパトラ女王は、このプトレマイオス将軍の子孫なのですよ。

ギリシャ人の学者たちはこぞってエジプトに移住し、世界最高と呼ばれた「アレクサンドリア図書館」をエジプトに作ったり、エジプトの神話資料をギリシャ語に翻訳して本国に持ち帰りました。

エジプト本国では古代エジプト語の言葉が話されなくなり、神の名前がわからなくなっていましたが、ギリシャ語の文献は残っていたので、ヨーロッパではエジプトの神の名前がギリシャ語読みで広まりました。その名残で、一部の神はエジプト語読みの名前よりギリシャ語読みの名前が有名になっているのです。

萌える！ エジプト神話の女神事典 目次

Column

ヘリオポリス神話の女神
Goddeses of Heliopolis mythology

古代エジプトの神話には、世界と神々、国土と人間がどのように生まれたのかを説明する「創造神話」が複数あります。そのなかでもっとも有名なのが、ナイル川下流、下エジプト地方の宗教都市「ヘリオポリス」でつくられた「ヘリオポリス神話」です。この神話に登場する神々は、エジプトの神々のなかでも特に知名度が高く、もっとも重要な神であると言っても過言ではありません。

5分でわかる！エジプト神話①

ヘリオポリス神話

へりおぽりす神話……？
マアト様、エジプト神話のことを教えてくれるんじゃ？
ヘリオポリスって何!?

ヘリオポリス神話　3つのポイント

① いちばん有名な神話！

② ヘリオポリスは都市の名前！

③ 世界の成り立ちの物語！

ヘリオポリス神話とは、エジプト神話の一部です。

エジプト神話は、神々への信仰と、無数の神話の集合体です。なかでも一番有名で重要な神話が、このヘリオポリス神話なのです。

ヘリオポリスはどこにある?

下エジプト
上エジプト
ヘリオポリス
"下エジプト"っていうナイル川の下流部にある大都市なんだって！

古代エジプトの宗教都市ヘリオポリスの神話

ヘリオポリスは、ナイル川下流に位置する宗教都市です。太陽神アトゥム＝ラーの大きな神殿がありました。この都市の神官団は大きな権力を持ち、ファラオでさえ彼らを無視できませんでした。

ヘリオポリスという名前はギリシャ語です。ヘリオ（太陽神）＋ポリス（都市）という意味で、ギリシャの太陽神ヘリオスから取った名前ですね。古代エジプト語での都市名は「イウヌ」でした。

世界の成り立ちとファラオの誕生神話

ヘリオポリス神話は、巨大な海以外はなにも存在しなかった世界に、太陽と神々が生まれ、生物と世界が作られ、人間たちが社会を作りあげるまでを描く神話です。神話の大きな流れを紹介しましょう。

①太陽の誕生

「原初の海」と呼ばれる巨大な海から太陽神アトゥム＝ラーが生まれ、世界の礎となる神々を作り出します。

②人間の創造

太陽神アトゥム＝ラーが泣いたとき、その涙が生き物に変わりました。これが人間の発祥です。

③天地の分離

夫婦神、地の神ゲブと天の女神ヌト（➡p24）が引き離されたことで、混ざり合っていた天地が分かれます。

④オシリスとセトの争い

ゲブとヌトの子である豊穣神オシリス（➡p57）が、弟である破壊神セトに殺害され、王位を奪われます。

⑤ホルスの王位奪還

オシリスの子供であるホルスが、母イシス（➡p28）の助けを受け、セトから王位を奪還します。

ヘリオポリス神話には、太陽、ミイラと再生、ファラオの王権などを説明する、エジプト神話の大事な要素がすべて詰まっています。ヘリオポリス神話を知れば、エジプト神話の半分以上はわかったも同然なのです。

次のページからは、ヘリオポリス神話において重要な役割を果たす、5柱の女神をそれぞれ紹介していきます。
ほかの女神のみなさんには、少々待ってもらいますよ。

はじめに生まれた女神サマ

テフヌト

神名種別：古代エジプト語　配偶神：シュウ　神聖動物：メスライオン

エジプト名：テフヌト、テフェネト
名前の意味：吐き出されたもの、変形するもの、形を変えるもの

信仰拠点　下エジプト第13ノモス「ハカー・アンク（ヘリオポリス）」

大気の神の妻、湿気の女神

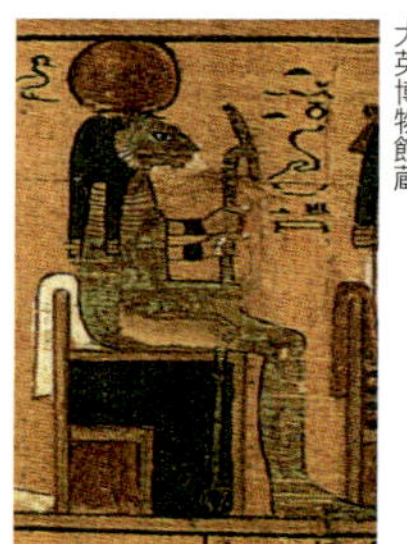

古代エジプトの神官アニの墓から見つかった『死者の書』（➡p154）のひとつ、『アニのパピルス』に描かれたテフヌト。大英博物館蔵。

エジプト北部の都市ヘリオポリスから広まった「ヘリオポリス神話」では、世界ではじめてこの世に生まれた女神は、創造神が口から吐いたツバ、つまり「唾液」から生まれた。この生まれ方がそのまま女神の名前となり、彼女は古代エジプト語で「吐き出されたもの」という意味の名前「テフヌト」と呼ばれる。

唾液から生まれただけあって、テフヌトは湿った空気「湿気」の女神だ。彼女の夫は同様に乾燥した空気「大気」の神で、世界の空気すべてを象徴する夫婦神である。

壁画などにおけるテフヌトの姿は、「人間の女性」「メスライオンそのもの」「人間の胴体にメスライオンの頭がつき、頭の上に太陽をあらわす円盤と聖なる蛇を頂いた姿」「ライオンの頭を持つ蛇」などで描かれる。

神話によれば、この世にはじめて生まれた神である創造神アトゥムは、この世界をさまざまな動物でいっぱいにしようと決意し、自慰行為により大気の男神シュウを、唾液または嘔吐物から湿気の女神テフヌトを生み出した。この兄妹は最初の夫婦となって大地の神ゲブ、天の女神ヌトを産んだとされている。

家出女神のお騒がせ

テフヌトは「本来いるべき場所を離れた」ことで問題を引き起こすことが多い。

あるときテフヌトは夫シュウとともに道に迷い、探し回っていた父アトゥムは、ふたりをみつけた喜びで泣いた。人間はこのときの涙から生まれたというのだ。

別の神話では、別の女神に居場所を奪われたテフヌトが、ライオンの姿に変身してエジプトの南隣にあるヌビア地方に家出してしまい、神々が必死に説得してエジプトに連れ帰ったという。

怒った女神が南のヌビア地方に去り、ほかの神が説得して連れ戻すというのは、彼女だけでなくエジプトの神話に非常に多く見られるお決まりの行動パターンです。気まぐれに持ち場を離れないで欲しいですね。

illustrated by 毛玉伍長

信仰拠点
下エジプト第13ノモス「ハカー・アンク（ヘリオポリス）」

毎日太陽ぱっくんちょ
ヌト

神名種別：古代エジプト語　配偶神：ゲブ

エジプト名：ヌト
名前の意味：天

大地をおおう天空の女神

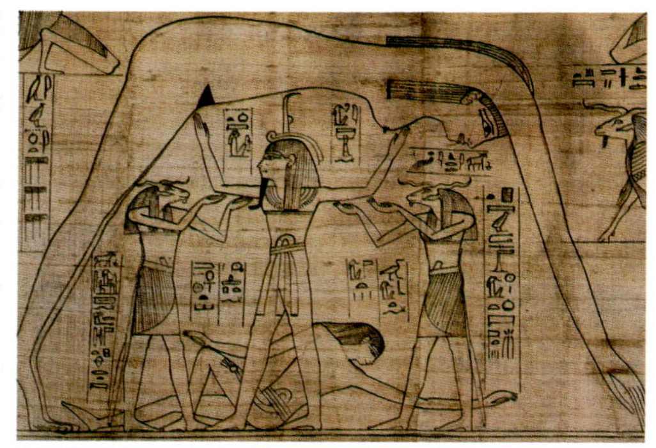
大英博物館所蔵の『死者の書』に描かれたヌト、ゲブ、シュウの姿。

ヌトは天空をあらわす女神で、天体の支配者、天空の女主人である。人間の女性の姿をしていることが多く、星でおおわれた裸体か、星が散りばめられた服をまとっている。頭上には自分の名前を示す象形文字、ヒエログリフをかかげている。

夫は大地の神であるゲブで、その上に四肢を広げてアーチ状におおいかぶさようなポーズを取ることもある。ゲブとヌトのあいだには、彼女たちの父親で大気の神であるシュウが入って彼女の体を支えている。この時、ヌトの手足は東西南北の方向に広がっている。まさに大地を天空、すなわち彼女の体がおおっているのだ。彼女の笑い声は雷鳴、涙は雨になる。また天空そのものである彼女は、宇宙の無秩序（むちつじょ）な力がエジプトに入り込むのを防ぐ役目も担（にな）っていたという。彼女は太陽の神を天へ持ち上げる牝牛の姿や、時には子供である星々を食べてしまう雌豚の姿をとることもある。

また、文献のなかには、ヌトはテフヌト（➡p22）の娘ではなく、原初の混沌の海、ヌンから生まれるか、創造神アトゥムから直接生まれたとするものもある。そのためヌトへの信仰は、ヘリオポリス神話ができあがる前から存在しており、それがあとになってヘリオポリス神話に組み込まれた可能性がある。

禁じられた出産

ヌトは多くの子をもち、その子供らはエジプト神話で重要な役割を果たしている。しかし、この子供たちを産むまでにはちょっとしたトラブルがあった。

ヌトの祖父である太陽神アトゥム＝ラーは、嫉妬からか、その地位を子孫に奪われ

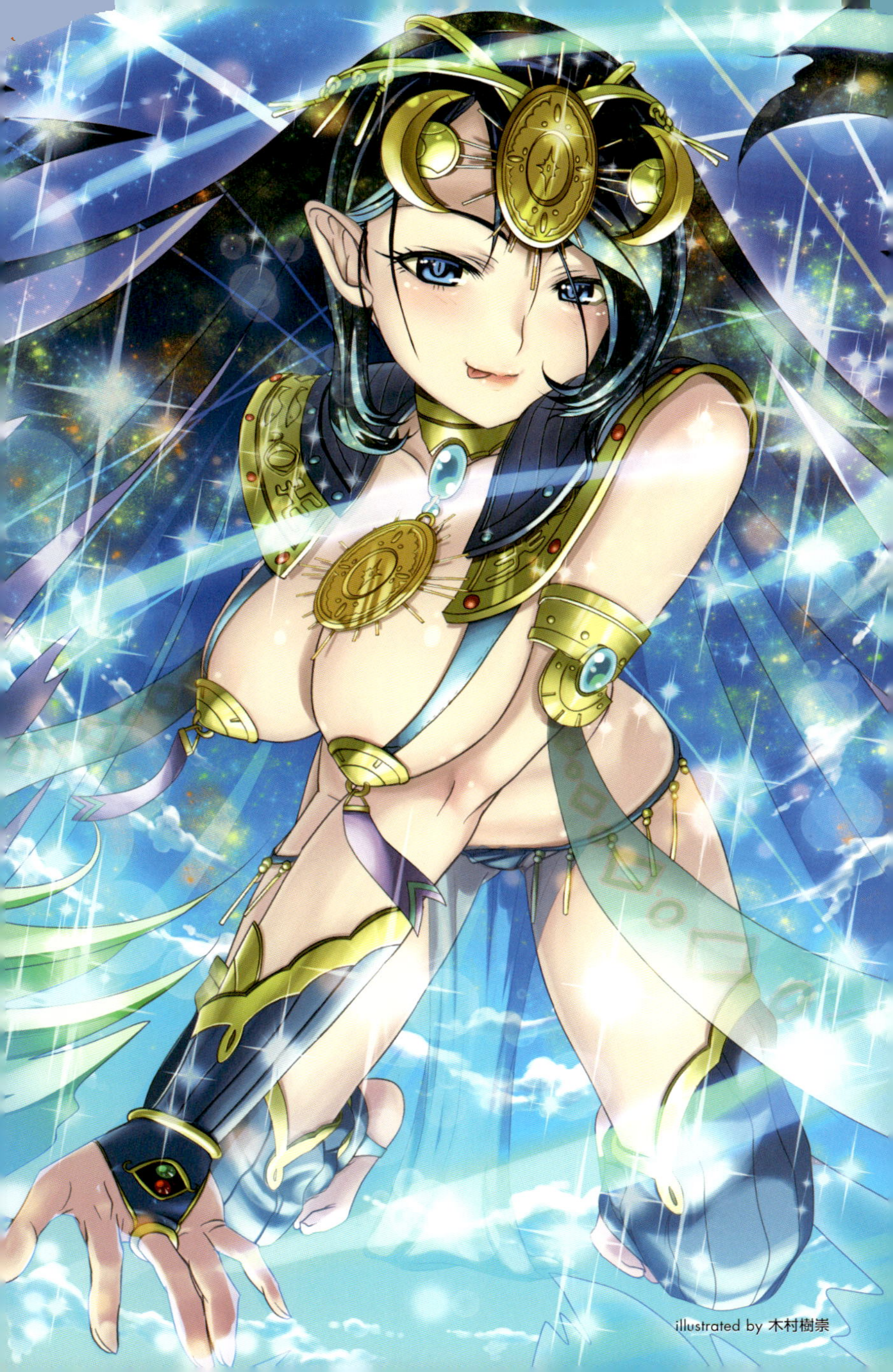
illustrated by 木村樹崇

るのを恐れたためか、ヌトとゲブの結婚を喜ばなかった。それどころか、1年360日のあいだ、出産ができないように呪いをかけてしまったのである。

しかし、ヌトに味方した知恵の神トトは、彼女のために月とチェスをして勝利し、月の光の72分の1を獲得した。これはちょうど5日分にあたり、エジプトの暦では、新年の前に5日が挿入されることとなったのだ。

ヌトはこの5日間で毎日ひとりずつ子供を生み、オシリス、ホルス、セト、イシス、ネフティスといった神の母となったのである。

360日を1年とする考え方は、月の満ち欠けによって1ヶ月をはかる「月齢」にもとづく暦で、日本では「太陰暦（たいいんれき）」と呼ばれるものである。月齢は、古くから世界中の農民が、時間を把握するために利用しており、農業と深い関わりがある。ひるがえってトト神が5日を獲得して作った365日とは、1年を太陽の周回によってはかる「太陽暦」の考え方である。すなわちこの神話は、太陽暦を扱う太陽神の信仰が、月齢を扱う農業神の信仰に対して優位に立ったことを示す神話である可能性がある。

死者を再生させる女神

ヌトは銀河そのものだという説もある。古代エジプトでは冬至の夜明け前の銀河（天の川）が、まるで大地におおいかぶさるヌトの姿のように、四肢を地平線まで伸ばした人体のように見えたというのだ。

毎日空にのぼって地平線に沈む太陽や星を見た古代エジプトの人々は、これらの星々は女神ヌトに飲み込まれ、彼女の体内を通ってふたたび子宮から生み出されているのだと考えた。ヌトが生んだ星々は神々の魂であり、ヌトは千の魂を持ち、神々を生むものと思われたのだ。第20王朝のラムセス6世の墓には、2体のヌトの壁画が描かれている。一体のヌトの体内には口から飲み込まれ、ふたたび子宮から生まれる太陽が描かれ、もう一体のヌトの体内は星々が描かれている。

こうした考えからヌトは、失われたもの、死んだものを再生させる女神とされ、葬祭の女神としての性格も加わった。死者はヌトの中に入ってやがて星になると考えられたのだ。そのため、死者を納める木棺や石棺の内側に、ヌトの姿が描かれることとなる。死者に覆いかぶさるように棺の蓋に描かれたヌトは、天の星を飲み込んでまた産み出すのと同じように、死者を飲み込んでふたたび再生させるのだ。ヌトは遺体の保存状態も気を配り、その補修まで行う。頭をはめこんだり、骨をついだり、心臓を元の位置に戻してくれるのだ。

また、非常に古い神話では、ヌトは樹木の女神とされることがある。その体は樹の幹であり、死者に生気を取り戻させることもできるのだ。死者に持たせる呪文集『死者の書』の挿絵では、ヌトは聖なるシカモアイチジクの樹から現れ、冥界で人々に空気や水、食物を永遠に与えるとされている。

調べてみたら、エジプトの首都カイロの年間降水量はたったの24.7mm。日本じゃこんなの1日で降っちゃうよ。つまり雨が降る=ヌトさんが泣くのって超レアイベントだ。ヌト様は滅多に泣かない強い女性なんだね。

上下エジプトと行政区画「ノモス」

ねえマアト様、女神様の紹介ページの右上に、地図と一緒に、神様の信仰拠点が書いてあるよね。
ここに「第○ノモス」って書いてあるんだけど……これって何？

古代エジプト文明は、ナイル川の流域に広がった文明である。彼らはナイル川の流域を、川の最下流部で三角形に流域が広がる「デルタ地帯」と、デルタ地帯の上流部の川沿いに広がる地域のふたつに分けて認識していた。このうち前者のデルタ地帯を、ナイル川の下流に位置することから「下エジプト」、後者のナイル上流部流域を「上エジプト」と呼んでいる。

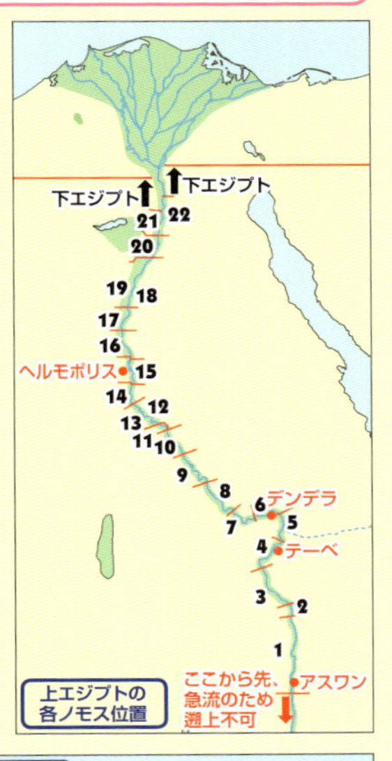

上下エジプトの「ノモス」

古代エジプトでは、上エジプトを22個、下エジプトを22の地域に分割して、それぞれを独立した行政区としていた。これは日本で言うところの「都道府県」に相当するもので、古代エジプトでは「セパト」と呼ばれていた。

だが現代では、古代エジプト最後の王朝が使っていたギリシャ語の「ノモス」のほうが有名になっている。

右の図は、信仰拠点などのデータ欄に書いてあるノモスの番号が、どの位置にあるのかを示したものです。神々の信仰が息づいていた場所を、この図で確認してください。

良妻賢母な大魔法使い
イシス

神名種別：古代ギリシャ語　配偶神：オシリス

エジプト名：アセト
名前の意味：座席

信仰拠点　下エジプト第9ノモス「アンジェティ（ブシリス）」

もっとも崇拝された女神

イシスは人間の女性の姿で表される時は、長いシース・ドレスという衣服を着ていて、頭上に自分の名前をあらわすヒエログリフか、日輪のついた角をいただいている。腕が翼となっていることもある。シストルムというガラガラのような楽器や杖を持っていたり、メナトというビーズ紐を束ねた首飾りをつけている事もある。直立姿勢で描かれることが多いが、ひざまづいていることもあり、手を顔の前に上げて哀悼のポーズをとったり、近くに夫神であるオシリスがいる場合は彼を抱擁して守っている。また、サソリや鳶（とび）、雌豚や雌牛などの姿をとることもある。

紀元前1360年ごろの壁画に描かれた、翼を持つイシス。

イシスは、とても広い地域で、長く信仰された女神だ。エジプトだけでなく、ギリシャやローマ帝国、イギリスにもその崇拝の跡が残っている。上エジプトのフィレー島にあったイシス神殿は、エジプト王朝からローマ帝国に引き継がれて次々に拡張されていき、最終的にキリスト教が拡大する6世紀まで存続した。

この女神の起源はよくわかっていない。この女神の発祥の地や、埋葬された地というのがエジプトに見つからないのだ。しかし彼女は神話においてはさまざまな苦難を乗り越えて強い呪力を身につけ、息子ホルスをエジプトの王にする。そして現実世界ではさまざまな神の信仰を取り込んで力を手に入れ、王から庶民まで幅広い層から信仰された。最終的には、イシスの力によって大地は天空から引き離され、星や太陽、月などの進路も決定されたとまで言われる、宇宙の調和をつかさどる大女神となる。

殺された夫を探し当てる。

イシスは大地の神ゲブと天空の女神ヌト（➡p24）のあいだに生まれた。兄のオシリスと結婚し、彼がエジプトを統治するのを助けたのである。オシリスは良き王として人間に崇拝（すうはい）され、その治世は安泰に思えた。しかし、イシスたちの弟であるセトはオシリスに嫉妬し、彼を殺して自分が王になった。イシスは海に投げ込まれたオシリスの死体を見つけてエジプトに戻ってくるが、セトに死体を奪われてしまう。セトはオシリスの死体をバラバラにして国中にばらまいた。イシスは妹のネフティス（➡p32）とともにオシリスの死体を集め、元通りつなぎ合わせる。そして呪力でオシリスの性器を蘇らせて彼と交わり、ホルスという息子を生んだのだ。

イシスとネフティスは死者の死を悲しみ、また死者たちの面倒を見ることで彼らの守護者となった。イシスはネフティスとともに墓所を守り、死者の再生を約束する葬祭の女神となったのである。

息子を王に育て上げる

息子ホルスを生んだイシスは、この子を立派な王に育て上げ、エジプトの王座を奪い返すことでセトに復讐を果たそうとする。まずはセトに見つからないように三角州の沼地に隠れ住んだ。ホルスはセトが姿を変えた毒蛇に噛まれるなどの危険な目にあったが、医療の術に通じ、さらに知恵の神トトから多くの役に立つ呪文を教わったイシスは彼を守り通したのである。のちにホルスはエジプト全土の王となるが、このことでイシスはファラオの象徴的な母となる。歴代のファラオは彼女を崇拝し、その恵みを受けることを願ったのである。イシスの名を示す象形文字、ヒエログリフは「座」を表しており、イシスという女神が王座の力の擬人化である、という説もある。

また、ホルスを育て守ったことで、彼女は子供の守護者ともなった。特に病気から子供を守るとされ、その姿は幼いホルスに乳を与えている彫像として示された。子供が熱病にかかったり、毒を持つ動物に噛まれた時はイシスに祈りが捧げられた。

太陽神から呪文の力を手に入れる

イシスは大いなる呪力を持った女神、魔法使いとしても崇拝される。セトからホルスを守る必要があった彼女は計画を立てて大きな呪力を手に入れたのである。

彼女は強大な力を持つが年老いていた太陽神ラーが、口からよだれを垂らしているのを見て、地上に落ちたよだれと、それについた塵（ちり）から毒蛇を作り出してラーを噛ませたのである。蛇の毒に苦しんでいるラーを救おうと神々は手を尽くしたが、ラー自身の肉体から作られた毒だったために治療することができなかった。ラーはイシスに救いを求めるが、彼女が治療の交換条件として示したのが、ラーの真の名を教えることだった。苦痛に悶えるラーはたまらずイシスに真の名を明かし、イシスはそれによって呪力を高めることができたのである。

イシスは他にもさまざまな女神たちと同一視されたり、その女神の存在を取り込んだりしている。そのおかげか、エジプト王朝後期のイシスは、人々にとって、呪文を唱えることで助けてくれる神であった。その効力はイシスの神話になぞらえたもので、イシスがオシリスを愛した如く女が男に恋するようになる呪文や、反対にイシスがセトを憎んだように女が男を嫌うようにする呪文もあったという。

エジプトでは、本来まったく違う神が「実は同じ神が名前と姿を変えたものだった」と後付で設定されることが頻繁にあります。女神誰々と同一視、という説明があっても、あまり深刻にとらえなくて良いですよ。

illustrated by 此処シグマ

ダンナを捨ててお兄ちゃん一筋っ！

ネフティス

神名種別：古代ギリシャ語　配偶神：セト

エジプト名：ネベト=フゥト
名前の意味：城の女主人

信仰拠点　上エジプト第７ノモス「バーツ(ディオスポリス・パルヴァ)」

死者を護る葬祭の女神

ネフティスは人間の女性の姿か、腕に羽根をつけた女性の姿で描かれる女神だ。彼女の頭上にはその名前を表す象形文字であるヒエログリフをいただき、古風な細身の衣装と、さまざまな宝石に彩られたアクセサリーを身にまとっている。彼女は死者を護る女神であり、死者が納められた棺の頭の側か、死者の内臓を納めたカノプス壺を護るような姿で描かれる。そのときは姉であるイシス（➡p28）も一緒で、鳶（とび）や隼（はやぶさ）などの鳥の姿で死者を見守る。その長い羽根で死者を包んで保護するのである。

大地の神ゲブと天空の女神ヌトの末娘として生まれたネフティスには３柱の兄弟がいた。兄であるオシリス神とセト神、姉のイシス女神だ。オシリスはイシスと、セトはネフティスと夫婦になったが、ネフティスはオシリスを愛していた。セトがオシリスを殺した際には、イシスとともにばらばらにされたオシリスの死体を見つけてつなぎ合わせ、その復活に協力している。このことから彼女は死者を護り、また復活を手助けする葬祭の女神となったのである。

オシリスへの異常な愛情

嵐の神セトという偉大な夫がいるにもかかわらず、ネフティスはオシリスに夢中だった。ネフティスはオシリスと関係を持つために酒で酔わせたり、イシスに変装したりとさまざまな手段を使っている。そしてとうとう彼の子供を身ごもり、ジャッカルの頭部を持つ死の神アヌビスを産んだ。しかし、ネフティスはセトの怒りが怖くなってアヌビスを外に捨ててしまうのである。

フランス　ルーヴル美術館所蔵のネフティス像。

のちにアヌビスはイシスに発見され、その養子に迎えられる。その後、ネフティスはオシリスを探すイシスに同行し、それを手助けするのである。

カノプス壺を守るとされた女神は、イシス、セルケト、ネイト、そしてこのネフティスです。イシスとネフティス以外の女神も本書で紹介していますから、読んでおくとよいですよ。

illustrated by さくも

おかずがないから自給自足

ネベトヘテペト

神名種別：古代エジプト語　配偶神：アトゥム？

エジプト名：ネベトヘテペト、ヘテペト
名前の意味：供物の女王、満足の女王

宇宙神アトゥムの創世神話

エジプトには創世神話が複数存在している。これは古代エジプトにおいて、ギリシャ神話などのように神々の社会を体系化する試みが少なかったこともあるが、エジプトの国土が非常に広大で、かつ主要な宗教都市が複数あり、さらにそれぞれで異なる神への信仰が存在していたためだ。ネベトヘテペトは、それら複数の神話の中でもっとも古いと考えられている「ヘリオポリス神話」の宇宙創世神話に登場する女神だ。

それによれば、かつて世界は原初の水で満たされた、混沌の海が存在するのみであったという。創造神アトゥムは、みずからの意思でみずからを創造し、海しかなかった世界に丘を作り、その上に立ったのだ。

みずからを創造したアトゥムは、次に神々の創造をはじめた。通常の神話ならば、この時に男女の神が創られ、その夫婦から神の子供たちが産まれるところである。だが、アトゥムはたったひとりで子孫を創り出したのだ。その方法とは「自分自身の影との結婚」、すなわち自慰である。アトゥムは両性具有の神であったため、自身の女性性を切り取り、それによって興奮、勃起し、自慰を行ったのである。この自身の影、女性性というのが、ネベトヘテペトという女神なのだ。

創造神の大いなる自慰行為によって、大気の男神シュウ、そして湿気の女神テフヌト（➡p22）という、性別のある原初の神2柱が創り出されたのである。

神話に求められた哲学的概念

ネベトヘテペトは、あくまでもアトゥムの創造神話を論理的に説明するために創られた、概念としての存在である。彼女がアトゥムの配偶神とされる場合もあるが、両性具有の神の女性性を伴侶と考えるのはいささか無理があるだろう。

また、神話のバリエーションには、アトゥムは手のみが女性であり、それで股間をまさぐることで興奮できた、というものも存在しており、この場合のネベトヘテペトは「ヘテペトの手」と呼ばれている。

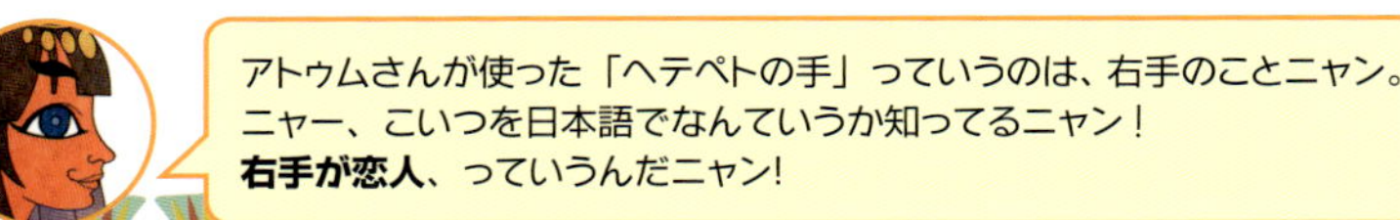

アトゥムさんが使った「ヘテペトの手」っていうのは、右手のことニャン。
ニャー、こいつを日本語でなんていうか知ってるニャン！
右手が恋人、っていうんだニャン!

illustrated by リリスラウダ

太陽神ラー

ねーマアト～、お話のなかで出てくる男の子の神、どんな神なのかぜんぜんわかんないニャ。
女神○○のダンナ様、だけじゃちょっとニャー。

そういえば、どこの神話でも男の神様って大事だもんね。
そっちも教えてくれたら、エジプト神話の世界をもっとよく理解できるなー。誰か教えてくれないかなー？（チラッチラッ）

ふたりが言うことも一理ありますね。
それでは女神だけでなく、男性の神々も紹介していきましょう。

おねがいしまーっす！
最初はどの神様を紹介してくれるのかな？

エジプト神話の男神①

誰でも知ってる太陽神！ ラー

太陽神ラーは、エジプト神話でもっとも重要な神である。神話によって神としての地位には違いがあるが、多くの神話で最高神またはそれに準ずる地位を与えられている。ラーの姿は、人間の胴体にハヤブサの頭を持ち、その頭上に太陽をあらわす日輪をのせた姿で描かれる。

古代エジプト人は死からの復活と再生を信じており、太陽は毎日死からよみがえる存在だと考えていた。すなわち朝日としてこの世に生をうけた太陽は、日没とともに死亡し、翌朝またよみがえるという考え方である。

頭上に真っ赤な日輪を戴くラーの壁画。ルクソールにあるラムセス２世の第一王妃、ネフェルタリの墓より。

ラーはエジプト人にとって重要な神だったため、他の神々の信者が、自分の神はラーと同じだと主張したり、逆にラー信者が別の神を取り込むことが盛んに行われた。そのためアメン＝ラー、ラー＝アトゥムなどの神の名前を２柱組み合わせた名前を、神々のなかでもっとも多く持つ。

その他創造神話の女神

Goddeses of other Creation myth

古代エジプトには、19ページで紹介した「ヘリオポリス神話」のほかにも、複数の異なる「創造神話」が伝えられていました。この章では、それらの創造神話のなかでも比較的有名な、ヘルモポリス神話、メンフィス神話、テーベ神話で重要な役割を果たしている女神たちを紹介します。

5分でわかる！エジプト神話②

ヘルモポリス・メンフィス・テーベ神話

マアト様マアト様！　そういえば「他の神話の女神様」も紹介してくれるって話でしたよね！
女神サマだけじゃなくって、その「他の神話」も教えてくださいよ〜！

3つの神話のポイントは？

① 都市ごとに別の神話がある！

② 最高神が違う！

③ ほかの神話の改造もアリ！

20ページで紹介した「ヘリオポリス神話」のほかにも、古代エジプトには、別の都市で作られた独自の神話が数多く存在していました。このページでは、そのなかから主要な神話３つを選んで紹介します。

3つの都市はどこにある？

20ページで紹介した、ヘリオポリスはここ！

②メンフィス

①ヘルモポリス

③テーベ

創世神話を残した3つの都市

古代エジプトという国は、複数の都市による連合国家であり、都市はそれぞれ独自の神話を持っていました。その多くは時代のなかで失われてしまいましたが、宗教的に重要だった３つの都市（左図）の神話は、豊富な遺跡のなかに現存しています。

ヘリオポリスに匹敵する宗教都市ヘルモポリスと、エジプトの首都があったメンフィスとテーベ。ここから紹介するのは、この３都市の神話に登場する女神です。

①ヘルモポリス神話

カエルの神と蛇の女神が世界をつくる神話

ヘリオポリス神話では、世界は太陽神とその子孫によって作られましたが、ヘルモポリス神話では、4柱のカエルの神と4柱の蛇の女神がそれぞれ夫婦となり、太陽などを生み出したことになっています。

くわしーことは、40ページの「オグドアドの4女神」で教えてくれるらしーニャ！

②メンフィス神話

創造神プタハを頂点に置く

この神話は、ヘリオポリス神話に対抗して作られたライバルです。メンフィスの神官たちは「ヘリオポリス神話の最高神であるアトゥム=ラーは、メンフィスの最高神プタハに作られた神」だと定義した神話を作りました。こうして、ヘリオポリスの神官の権力を削ごうとしたのです。

私がメンフィスの主神、プタハだ！
50ページで会おう！

創造神プタハ

③テーベ神話

地元の太陽神アメンを、メジャーな「ラー」と融合

テーベ神話もメンフィス神話と同様、ヘリオポリス神話の対抗馬として、ヘリオポリス神話を修正して作られた神話です。ただしメンフィスとは違って「アトゥム=ラー」の上に別の神を置くのではなく、テーベの太陽神アメンをラーと合体させた「アメン=ラー」を、アトゥム=ラーの地位に置いているのが特徴です。

やれやれ、ワシはあちこちの神と合体させられておるのう。年寄りづかいの荒い連中じゃ。36ページで待っておるぞ。

太陽神ラー

世界のはじまりの4夫婦

男神	女神	名前の意味
ヌン	ナウネト	水
ヘフ	ヘヘト	無限
ケク	ケケト	暗闇
アムン	アマウネト	不可解あるいは嵐

古代エジプトのほぼ中央部に位置する上エジプト地方の宗教都市、ギリシャ名「ヘルモポリス」は、古代エジプト人には「クムヌ」と呼ばれていた。この名前の意味は諸説あるが、もっとも知られているのは「8の街」という意味だというものだ。

この8という数字は、このヘルモポリスで作られた神話に登場する、世界を作った8柱の神々に由来する。のちにエジプトを征服して新しい王朝を作った古代ギリシャ人は、8本足を持つタコの英語名の語源にもなった、ギリシャ数字「オクト」を変形させて、この神々をオグドアドと呼んだ。

オグドアドは、カエルの頭を持つ男性神と、蛇の頭を持つ女神による夫婦が4組8柱集まったものである。夫の名前と妻の名前は、同じ意味の単語の男性形と女性形になっており、一覧にすると右上のようになる。

オグドアドの神々は、ときにはカエルと蛇ではなく、猿の姿で描かれることもあった。猿の姿で描かれるオグドアドは、昇る太陽に挨拶をしており、この太陽は世界の創造をシンボル化したものだと考えられている。

ヘルモポリスの世界創世神話

ヘルモポリスの創世神話において、オグドアドの神々は世界創世の前から存在していたとされる。8柱の神々は原初の海のなかで泳いでいたが、やがて天のガチョウ「ケンケン・ウェル」（「クワックワッと鳴く偉大なもの」という意味）が、オグドアドの神々が作りあげた「水面に突き出す原初の丘」に「原初の卵」を産み落とした。この卵から太陽神ラー（➡p36）が産まれ、世界が創造されたのだ。

この創世神話には異なるバージョンがいくつもある。例えば原初の卵はガチョウではなくトキが産み落としたとするものがある。なおトキはヘルモポリス神話の脇役ながら、全エジプトで信仰を集めた書記の神トト（➡p50）の神聖動物である。

そのほかにも、オグドアドが育てた１本の睡蓮（すいれん）が原初の海の上に立ち上がり、やがて花の中からかわいい子供（朝の太陽を意味する）が飛び出したとするものや、この睡蓮からタマシオコガネ（太陽のシンボル）があらわれて、やがて少年に変じたという神話などがある。睡蓮の花から太陽が生まれるという物語は、睡蓮の花が毎日開き、毎日閉じることから、規則正しい太陽の運行になぞらえたものと考えられている。

オグドアドの8柱の神々。エジプト中部デンデラ神殿跡のレリーフ。撮影：Olaf Tausch

オグドアドの神々は、世界創世ののち一定期間は地上を統治していたが、やがて死んで冥界で暮らすようになった。そのとき彼らは、自分たちが去ったあとも太陽が毎日昇るよう、またナイル川が流れるように計らったという。

カエルと蛇が創造神になった理由

カエルと蛇がヘルモポリスの創造神になった理由は、エジプトの自然にある。

エジプトでは定期的にナイル川の水量が増水し、大地は上流から流されてきた泥で覆われる。カエルや蛇は、この地表を覆う泥のなかからいつのまにかあらわれて、活動をはじめるのである。ヘルモポリスの人々は、これらのカエルと蛇の生態に神の力を感じ、蛇とカエルを世界の創造神に押し上げたのだと思われる。

神の数が４組８柱となっていることにも意味がある。古代エジプトにおいて４とは完全を意味する数であり、神の柱数を倍の８とすることでより強化したのである。

ヘルモポリスという都市名のなりたち

古代エジプトの二大創世神話であるヘリオポリス神話とヘルモポリス神話。だがヘリオポリスの神官が政治参加に熱心だったのに対し、ヘルモポリスの神官たちは宗教の世界に生きたため、エジプトではヘリオポリス系の神話が優勢になった。だがそのなかにもヘルモポリス神話の要素が取り入れられた。それが書記の神トトへの信仰であり、そのためヘルモポリスはトト崇拝の中心地となった。

やがて紀元前４世紀ごろにギリシャ人がエジプトを征服すると、彼らはトトのことを、自分たちギリシャ人が信仰する伝令と知恵の神ヘルメスと似ていると感じた。そのため、この時代はまだ「クムヌ」と呼ばれていたこの都市を、「ヘルメス神の都市」という意味である「ヘルモポリス」の名前で呼ぶようになったのである。

オグドアドの８神はローカルな神様なのに、アムンさんだけが太陽神「アメン」の名前で主神になってるんだって。ユニット卒業、ソロデビューでヒットチャート１位って感じ？　サクセスストーリーだね！

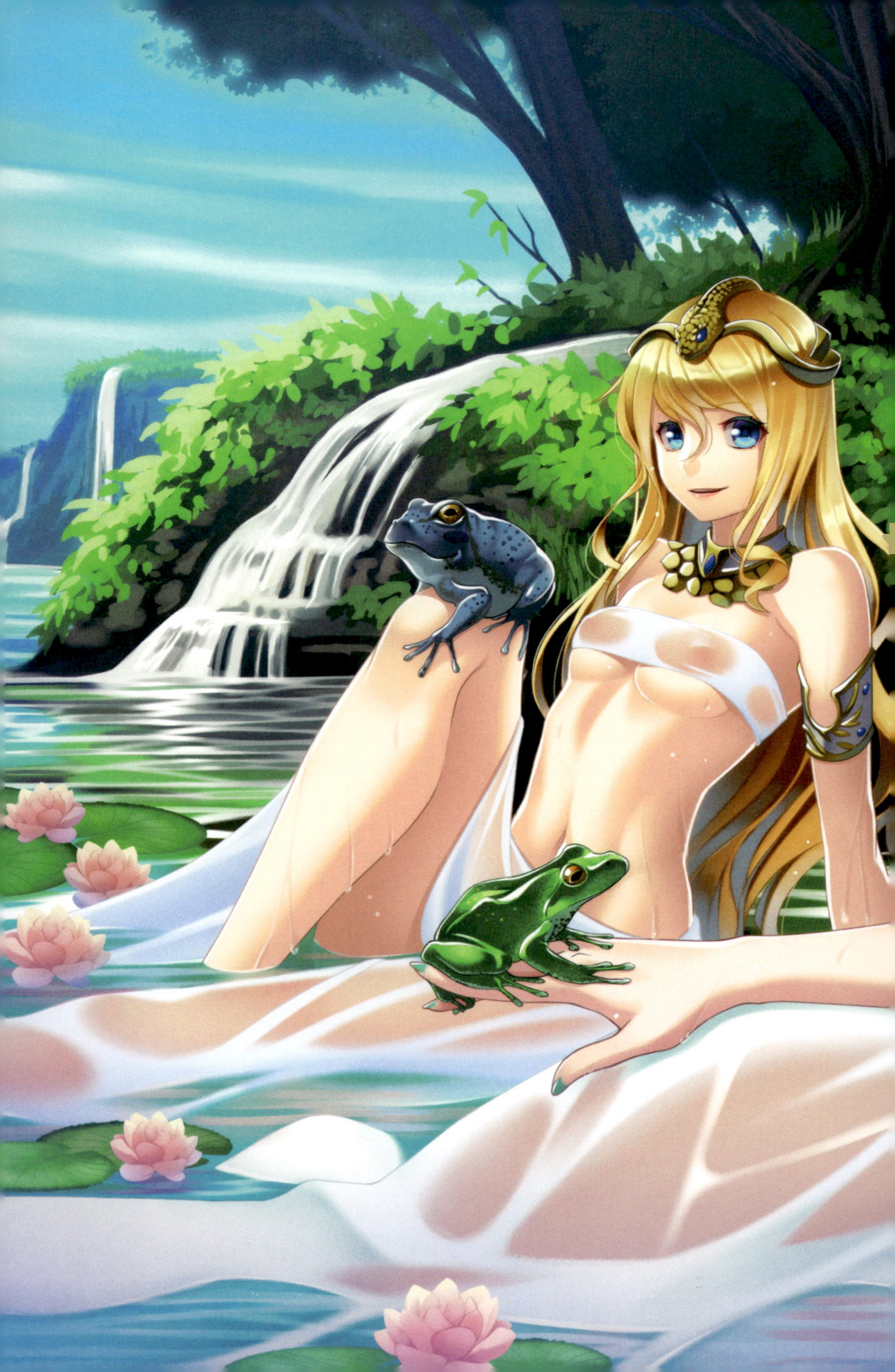

illustrated by 浜田遊歩

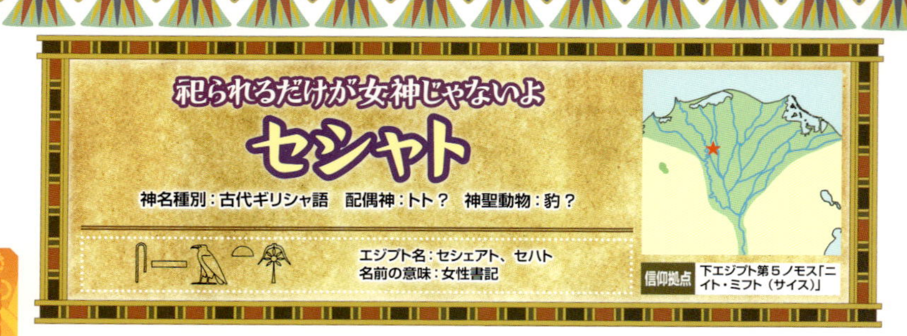

祀られるだけが女神じゃないよ
セシャト
神名種別：古代ギリシャ語　配偶神：トト？　神聖動物：豹？
エジプト名：セシェアト、セハト
名前の意味：女性書記
信仰拠点
下エジプト第５ノモス「ニイト・ミフト（サイス）」

書記の女神は現場主義

ルクソール神殿、ラムセス2世像の玉座の後ろに刻まれているセシャト。

よほどの例外でもない限り、神という存在は、神殿などの特定の聖域があり、そこで崇拝されご利益を願われる、というのが基本的なものだろう。だがこのセシャトは、祀られる神殿が存在していないにも関わらず、幅広い職業者からの崇拝を集めていたという、非常に珍しい女神である。

セシャトはセム神官（葬祭神官）のシンボルであるヒョウの毛皮をまとい、肩から書記の仕事道具であるパレットを下げている姿で表される。そして片手に刻み目のあるヤシの葉を、もう一方にはペンのような棒を持ち、葉に何かを書き込んでいるのだ。名前の意味も「女性書記」であることから、実にわかりやすい姿と言えよう。

彼女は文字による記録すべてを担当する女神であり、それは表記され文字で書かれているものすべてが対象である。どこにでもある覚え書きや、記録や会計、神殿図書室の文献はもちろん、壁画に書かれた文字までをも含む。さらに彼女は「建築士たちの女主人」という称号でも呼ばれており、建築、測量、天文、数学などの、ありとあらゆる文字と計算、図表を守護する存在なのだ。だからこそ、彼女は神殿に祀られるのではなく、神殿の定礎（ていそ）（建物を作りはじめるときの儀式）に重要な女神として、数々の神殿の壁画にその姿が記されているのである

男神トトとは複雑な関係

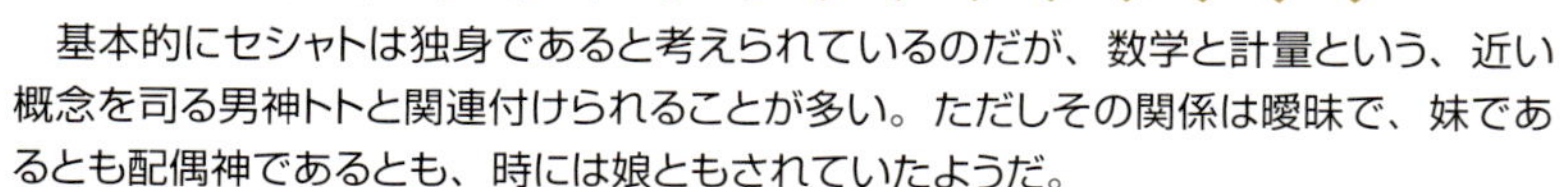

基本的にセシャトは独身であると考えられているのだが、数学と計量という、近い概念を司る男神トトと関連付けられることが多い。ただしその関係は曖昧で、妹であるとも配偶神であるとも、時には娘ともされていたようだ。

彼女が頭の上に載せているマークは何なのでしょうか？　本人に聞いても「忘れた」の一点張りで、記録にも残っていません。書記の女神なのですから、自分のことくらい記録に残しておくべきではないのですか !?

illustrated by 志波 彰

エジプトを見守るビッグママ

ムト

神名種別：古代ギリシャ語　配偶神：アメン、アメン=ラー

エジプト名：メウト
名前の意味：母、ハゲワシ

信仰拠点　上エジプト第4ノモス「ウアセト（テーベ）」

エジプトすべてを慈しむ母親

ムトとは「母」という意味を持つ単語である。すなわち女神ムトは神々の偉大な母であり、同時に女王なのだ。ファラオの妻はムトと同一視され、新王国の王妃は母なる女神ムトの象徴である、ハゲワシの頭飾りを付けていたという。

彼女のもっとも大きな特徴は葬祭信仰、すなわち死後の世界での役割が非常に少ないことだ。おそらくそれ以上に、現世においての重要な役割があったことから、そのような性格になったのであろう。

まずムトは「母」である。古代エジプト3000年の歴史の中盤にあたる「新王国時代」に、ファラオは「太陽神アメンと王妃（ムト）が交わって産んだ神の子供」とされていた。そしてエジプトの母神はほぼ例外なく、子供を守るための強い力を持っている。ムトもその例に漏れず、神話においてメスライオンとの繋がりを持っており、特にエジプト最強の女神セクメト（➡p102）と同一視されていた。彼女はその強大な力をもってファラオを外敵から守る、つまり生きている人間たちが暮らす世界に留まる使命を持つ、エジプトという国とそのすべてを守護する存在なのだ。

子供をあやすようにファラオを抱きしめるムトの壁画。深い愛情が感じられる。

その出自には諸説あり

ただし、ムトがはじめから偉大な神であったのか、という点には諸説ある。アメン神の妻にふさわしい存在として創作されたという説や、地方の下級神あるいはよく知られていない神が、アメンの台頭とともに卓越した地位に登ったのではないか、などさまざまだ。もっとも、それはあくまで出自の話でしかない。新王国時代のムトが、当時エジプトの首都になっていたテーベで、最高神の妻として篤く信仰されていたことはまぎれもない事実である。

ムトさんとアメン=ラーさんの息子は70ページのホルス様ニャけど、たまにホルス様じゃなくて、アメン=ラーさんが息子のこともあるらしいニャ。えっ、パパと息子が同じカミサマ……？　わけわかんないニャ!!

illustrated by きゃっとべる

カエルはどこでも人気者？ ヘケト

神名種別：古代エジプト語　配偶神：クヌム　神聖動物：カエル

エジプト名：ヘケト、ヘカト
名前の意味：不明

信仰拠点　上エジプト第14ノモス「アンティノポリス」

エジプトの人気マスコット

ヘケトはカエルそのもの、あるいは人間の女性の身体にカエルの頭、という姿をとる女神であり、司る分野は豊穣、妊娠と出産である。彼女の配偶神であるクヌムがろくろを使って子供の肉体を創造し、女性の子宮へ宿らせると、ヘケトは子供の肉体に魂を吹き込み、母親が無事に赤ん坊を出産するまでを見守るのだ。

クムヌがろくろで子供の肉体を創り、ヘケトが魂（アンク）を吹き込んでいる。デンデラの神殿にある壁画。撮影：MGA73bot2

このほかにも、女王の出産を助ける、偉大な王の誕生を助けたなど、ヘケトは出産にまつわる数多くの神話にその姿を見せている。このことから、ヘケトは女性、特に妊婦からの篤い信仰を集めていたようで、古代エジプトの遺跡からはヘケトの姿が彫刻された象牙の短剣や、カエルの姿をしたヘケトの描かれた護符が数多く見つかっている。ヘケトは神話において目立つ存在ではないものの、妊婦と子供を護る役目を担い、長い期間に渡って信仰を集めた人気の高い女神なのだ。

豊穣と出産の神である理由

古代エジプトにおいてカエルという生き物は、一年のうちの決まった時期に姿を現し、一度にたくさんの卵を産む、という習性で知られていた。この「一度に大量の卵を産む」というところから、カエルは豊穣と出産のシンボルとされ、そこからカエルの姿をした神が誕生したのであろう。

また、古代エジプトで使われていた象形文字「ヒエログリフ」において、カエルになりかけているオタマジャクシの絵は「10万」を意味する文字だ。その上の桁は「100万」だが、そこには「無限」を意味するヘフ神が書かれ、それ以上の桁はない。すなわち、古代エジプト人にとってのカエルは、膨大な数の象徴でもあるのだ。

そういえば40ページのオグドアドもカエルだし、エジプトってカエルの人気がずいぶん高いニャ？
きっと、カエルはタマゴをたっぷり産むからニャね。

illustrated by ryuno

萌える! エジプト神話の男神事典② プタハとトト

次に紹介する男性神は、メンフィス神話の最高神プタハと、ヘルモポリス出身で各地の神話に取り入れられたトトです。特にトトは、もともと主神でもないのに、ずいぶんな人気者になりましたね。

エジプト神話の男神② ことばの力で世界を創造 プタハ

プタハのブロンズ像。イタリアのトリノ美術館蔵。撮影：JMCC1

プタハの姿は左の写真のように、四肢を体にぴったりとくっつけ、立派なアゴヒゲを生やした死者の姿で表現される。この姿や信仰の形は初期からほとんど変わっておらず、移り変わりの激しいエジプトの神々のなかでは珍しい例である。

彼は製造業に関わる職人の守護神だが、最古の神であるところからか、時代が進むにつれて宇宙神の属性も備えるようになった。プタハ信仰の中心であるメンフィスの創世神話では、プタハが世界を創り出した創造神とされている。

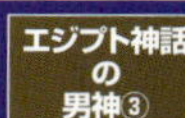

エジプト神話の男神③ エジプト屈指の筆まめ神 トト

トトは知恵の神である。彼は2種類の姿、日本種は絶滅してしまった、くちばしの長い鳥「トキ」の頭部を持つ男性か、猿の一種である「ヒヒ」の姿のどちらかで描かれる。

トキの姿をとるトトのレリーフ。世界遺産に登録されているヌビア遺跡群のひとつ、ラムセス2世の建造したアブ・シンベル神殿より。

トトは宗教都市ヘルモポリスの創世神話で創造神オグドアド（➡p40）を助ける脇役だが、時間、法律、学問、書記官、裁判の監督、夜の守護など幅広い役割を持つ。特にエジプト王朝を現場で動かすエリート、書記（役人）の神であるため、エジプト全土で信仰される人気の神だった。

王権の守護女神

Goddeses of Royalty

古代エジプトの人々は、「ファラオ」と呼ばれる統一王を国王とし、ナイル川沿岸地域に巨大な統一王朝を作っていました。ファラオは王位の正当性を高めるために神々への信仰を利用したため、古代エジプトの神話には、ファラオの権威や生命を守る専門の神、女神が多数登場しています。この章では、ファラオの守護神として信仰された、7柱の重要な女神たちを紹介します。

5分でわかる！エジプト神話③
ファラオって何者？

余は上下エジプトのファラオ、
ツタンカーメンであーる！
ファラオのことを知りたいと申すのは貴様か！

おおおおおお!!　本物のツタンカーメンだー！
ロンドンの大英博物館で見ましたよっ、黄金のマスク！
まさか本物に会えるだなんて、役得だな～♡

よしむー、あなたはそれでいいのですか……。
ともあれ、女神のなかにはファラオのために存在していると言っても過言ではない女神がいます。ツタンカーメン、彼女にファラオのなんたるかを教えてください。

ファラオのひみつ その⑪！

正式には「ペル・アア（per-aah）」である！

ファラオとは、古代エジプトにおいて、広大な地域を支配した王の呼び名です。

ですが実は、ファラオという呼び方はヨーロッパで作られた新しいもので、本来古代エジプトではファラオではなく「ペル・アア」と呼びました。ペル・アアとは「大きな館」という意味で、ファラオが大きな宮殿に住むことからついた名前です。

古代エジプトのペル・アアは、中東やギリシャを経由して右図のように変化し、いまでは英語読みの「ファラオ」のほうが有名になっています。

ペル・アアがファラオに変わるまで

ペル・アア
ギリシャ人が翻訳 → ギリシャ語 Φερων (pharao) → 翻訳 → 英語 pharao
旧約聖書で → ヘブライ語 פרסה (prōh) → 末尾にhをつけるルール → 英語 pharao
英語 pharao → 変化 → 英語 pharaoh（ファラオ）

英語の "pharao" の語形が決まったのは、1611年イギリスで作られた英語版聖書『欽定訳聖書』からだそうです。ずいぶん最近ですね。

ファラオのひみつ その②！

装備の数々を見るがよい！

古代エジプトのファラオは、他の者が持つことを許されない、ファラオ限定の装備や装飾品を数多く身につけています。これらはすべてファラオの権威を示し、身を守るためのものです。

二重冠（プスケント）

下エジプトを示す紅冠（デシュレト）と上エジプトを示す白冠（ヘジェト）を合体させた冠で、かぶる者が上下エジプトの統一王であることを示しています。（➡p60、62）

蛇型記章（ウラエウス）

ファラオの頭部を飾るコブラの頭は「ウラエウス」といい、ファラオの敵に炎を吐いて撃退するお守りです。

ウアス杖

上端に動物の頭がついていて、下端が二叉になっている杖。持つ者の力と支配力を示すもので、宗教画の中で神々やファラオがよく手に持っています。

カルトゥーシュ

ヒエログリフのまわりを囲んでいる模様がカルトゥーシュです。宗教的に大事なものとされていた「名前」を外敵から守る結界の役目を持っています。

ファラオのひみつ その③！

ファラオは神の化身である！

ファラオは、自分は「神の息子」あるいは「神の化身（神が人間の姿をとった存在）」だと名乗っていました。神々から世界の統治を任された存在であるという建前を、さまざまな宗教儀式で補強することで、ファラオは広大な上下エジプトを統治する正当性を得ていたのです。

歴代ファラオが自称した設定

- **天空神ホルスの化身**
- **太陽神ラーの息子**
- **神々の代弁者にして人類の代表者**
- **世界に秩序（マアト）をもたらす者**

ファラオが神の化身、神の子だと名乗っているのには、実利的な理由があります。
それぞれ独自の文化を持つ無数の都市が集まった、広大なエジプトを統一するには、神の権威を持ち出すくらいしか方法がないのです。

あーなるほどー。そういえば27ページの地図に書いてある古代エジプトって、北から南まで1000kmくらいあるんだっけ。
そりゃ、神様の力でも借りないと無理すぎるよ〜。

牛は皆のお母さん

ハトホル

神名種別：古代ギリシャ語?　配偶神：ホルベヘデティ、ホルス、ラー、アメン・ラー、エジプト王　神聖動物：雌牛、雌猫

エジプト名：フゥト・ホル
名前の意味：ホルスの家

信仰拠点　上エジプト第６ノモス「イティ（デンデラ）」

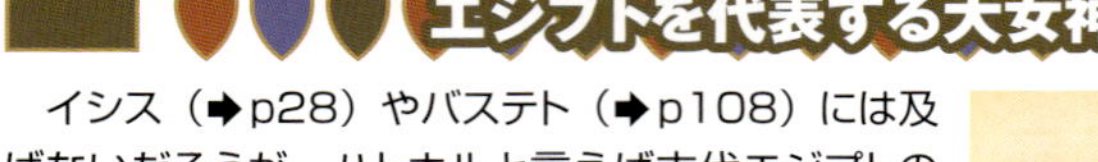

エジプトを代表する大女神

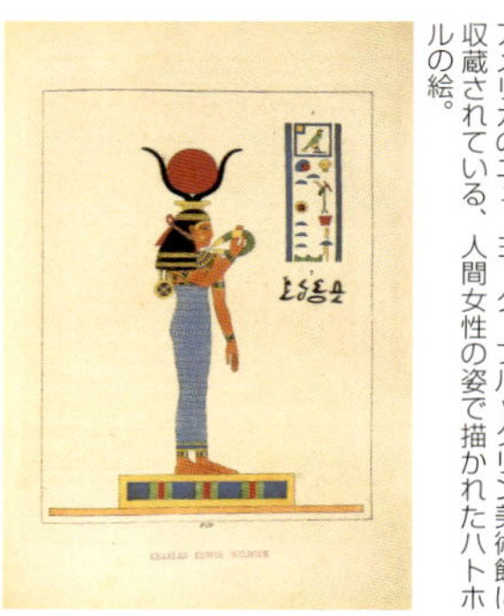

アメリカのニューヨーク、ブルックリン美術館に収蔵されている、人間女性の姿で描かれたハトホルの絵。

イシス（➡p28）やバステト（➡p108）には及ばないだろうが、ハトホルと言えば古代エジプトの神々のなかでも最高峰の知名度を誇る、エジプトを代表する大女神だ。ハトホルは数多くの概念を司り、そして関連する神もまた非常に多い。

ハトホルは雌牛の女神であり、壁画などに描かれる場合は雌牛そのもの、または人間の女性の身体に正面を向いた雌牛の頭部が付いている、あるいは人間の女性の頭から角が生え、そのあいだに日輪を挟んだ髪飾りを付けた姿で表される。いずれにせよ、雌牛の特徴を持つのだが、最後の髪飾りの例は第18王朝時代（紀元前16世紀～紀元前13世紀）以降のイシスにもあてはまるため、名前が添えられていないと区別できない場合もある。

また、墓地と死者の守り神である「西方の女主人」として描かれる場合は、頭にハヤブサの止まる竿（ヒエログリフで西方を意味する）を付け、群青色あるいは赤色のドレス、あるいはこれらの色彩を併せた衣服をまとった姿で表される。

彼女の図像に色が付けられている場合、人間体ならば赤に近い黄土色か、あるいは黄色で肌が塗られる。だが完全な雌牛の場合は、全身に金色や黄色という派手な色が塗られ、明らかに単なる雌牛ではない肌の色となる。

信仰の広さもまた別格

ハトホルがエジプトを代表する大女神とされる理由は、エジプト全土で信仰されたという信仰の幅広さと、夫となる男神の「ついで」ではなく、ハトホル個人だけのために捧げられた神殿や聖域を多数持っていたことがあげられる。

さらにその信仰はエジプト国内に留まらず、後世になるとギリシャにおいて美の女神アプロディテと同一視されて信仰を集めたほか、遠く離れたビブロス（現在のレバノン）などでは「トルコ石の貴婦人」と呼ばれ崇められていたという。

illustrated by 出利

大女神の広過ぎる役割分担

ハトホルはあまりにも多くの役割を担っているため、ここでは彼女の持つ属性や役割をひとつずつ、整理しながら紹介していく。ただしハトホルの本質、もっとも強い属性はあくまでも母親、すなわち母性である。

●ホルスの母もしくは妻

「ホルスの家」という名前からもわかるように、太陽と天空の神ホルスとは非常に関連が深い。ホルスの属性から、ハトホルは天空女神としての属性も与えられていた。

●太陽神ラーの妻、あるいは娘

「人類滅亡の物語」において人間の大虐殺を行った女神セクメト（➡p102）は、ハトホルの一面であると考えられている。セクメトはラーの眼から作り出されており、ここからハトホルはラーの眼に関連する神ほぼすべてと結び付いている。

●全エジプトの母

ハトホルはエジプトの母であり、すなわち王の母である。数々の文献においても、エジプトの王はハトホルの息子である、と明記されている。ハトホルは何よりも母親であり、すべての神々と人間の母であると同時に、乳母でもあるのだ。

●女性の性と母性の守護神

ハトホルは女性を護る神でもあり、そこから豊穣の女神としての属性も与えられた。他の豊穣女神と比べると、ハトホルはより性的な側面が強く、母になることの喜び、生の喜びとの結び付きが強調されている。

●音楽、娯楽、酒の女神

ハトホルは音楽や娯楽、酒とも結び付けられていた。ハトホルの儀式においては、彼女をモチーフに装飾された楽器が用いられていたという。

●葬祭の女神

生きることと強い結び付きがある一方で、早い時代から死者を護り、飲食物を与える存在と考えられていた。特にエジプト中部にあるテーベ地方では、墓地や死者の守護女神である「西方の女主人」として崇拝を集めた。

不明瞭なハトホルの起源

このようにハトホルは数多くの物事を守護し、広く信仰を集めていた。だが、紀元前25世紀ごろに作られたピラミッド・テキスト（ピラミッド内部に彫られた死者の書）にはほとんど登場せず、それ以降の時代に作られた宗教文書で、いつのまにか重要な女神として扱われるようになっているのだ。このことからハトホルは、どのような起源をもって生まれたのかがよくわかっておらず、おそらく初期王朝時代（紀元前30世紀ごろ）に何らかの起源があるのではないか、という予測しか立てられていない。

54ページの写真に乗ってる髪型は「ハトホルの髪型」っていって、エジプトの女性たちにも人気だったらしいねー。ハトホルさんってファッションリーダーでもあるのかな？

萌える！エジプト神話の男神事典③ オシリスとセト

次に紹介するのは、エジプトを代表する神話「ヘリオポリス神話」で活躍する２柱の兄弟神です。
穏和な兄と好戦的な弟、好対照なふたりですね。

エジプト神話の男神④ 死後の世界で待ってます オシリス

もっとも一般的な姿をとるオシリスの壁画。ルクソールにあるラムセス２世の第一王妃、ネフェルタリの墓より。

古代エジプトにおいて、地下は死者の暮らす冥界である。オシリスは地下世界の守護神であり、ゆえに死と再生の守護神でもある。彼の姿は全身を包帯で巻かれたミイラとして表現される。

オシリスは死者の罪を裁き、罪なき者を楽園に迎え入れて保護する（➡p154～158）。同時に彼は農業の神でもある。エジプトでは、穀物の種子が地面（すなわち地下）に植えられて芽吹くのは、穀物がオシリスの力で死から再生するためだと考えられていたのだ。

エジプト神話の男神⑤ 乱暴者？　用心棒？ セト

セト姿を描いた浮き彫り。ドイツの美術館・博物館群（通称・博物館島）のひとつ「新博物館」の展示品。撮影：Neithsabes

セトはエジプト神話で屈指の力を持つ、戦いの神である。その姿は動物の頭部を持つ人間男性として描かれるが、実在するどの動物をモチーフとしているのかは現在でもわかっていない。

セトが支配する領域は、ナイル川流域から離れた砂漠の異境である。セトはヘリオポリスの神話では兄オシリスを殺して王位を争い、その息子ホルスと争う悪役だ。だが本来の彼は太陽の守護者であり、天空を進む太陽の船の護衛として、邪悪な蛇アペプの襲撃から太陽を守っているのだ。

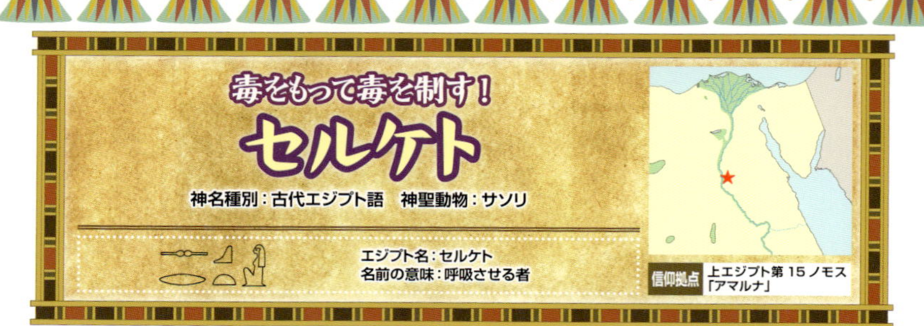

毒をもって毒を制す！
セルケト

神名種別：古代エジプト語　神聖動物：サソリ

エジプト名：セルケト
名前の意味：呼吸させる者

信仰拠点　上エジプト第15ノモス「アマルナ」

生命と死にたずさわるサソリの女神

砂漠においてもっとも危険な動物のひとつが、猛毒を持つサソリである。古代エジプトの人々は小さな体に強力な毒を備えたサソリに神の力を見いだし、これを女神として昇華させた。これが「呼吸させる者」という名前を持つ女神セルケトである。呼吸をするということは「生きている」ということで、彼女は生命の守護者なのだ。

セルケトは、人間女性の頭の上にサソリが乗った姿で描かれることが多い。人々が彼女に期待したのは、サソリなどの毒虫の刺し傷、咬み傷を避けることと、万が一刺されてしまったときに死なないことだった。そのためセルケトを信仰する神官たちは、毒の中和、安定化など毒対策のエキスパートであった。

ナイル川上流、アスワン地域にあるナイル川中州の島にある「ベイト・エル＝ワリ神殿」にあるセルケトの浮き彫りを模写したもの。

イシスを守る王の乳母

セルケトは、古王国時代は独立した女神として信仰されていたが、時代が進むにつれてほかの都市の神話に取り込まれ、太陽神ラーの娘となり、太陽の焼けつくような熱をあらわす女神となった。また、太陽神が敵と戦うのを助けるために魔術を使うようになった。セルケトは王の守護女神、葬祭の女神ともされ、「美しい家（霊廟）の女主人」という二つ名を持つようになった。

セルケトはエジプトの神話のなかで重要な役目を果たしている。エジプトでもっとも有名な女神のひとりであるイシス（➡p28）は、セルケトの体から生まれた７匹のサソリに守られて育っている。ここから転じてセルケトは王の墓の守護神とされ、イシスやネイト（➡p110）ら重要な女神たちとともに王の遺体を守っている。このことから、「王の乳母」という異名も付けられている。

サソリなどの毒虫に刺されると、まるで肌が焼けつくような痛みをに感じます。そのためエジプトでは、セルケトの存在を、肌をジリジリと焼く太陽光と関連づけていたようなのです。

illustrated by 10ji

王様に巻き付いて守ります

ウアジェト

神名種別：古代エジプト語　神聖動物：コブラ

エジプト名：ウアジェト
名前の意味：緑の女性

信仰拠点　下エジプト第 19 ノモス「イメト」

蛇の姿はファラオの証

約 5000 年前、紀元前 30 世紀にエジプトを統一するファラオがあらわれる前の時代。エジプトは、ナイル川河口の広大な三角州地帯である北部「下エジプト」と、総延長 700km 以上の細長い農地が伸びる南部「上エジプト」に分かれて争っていた。ウアジェトはコブラ蛇の女神であり、「下エジプトの守護神」として崇拝を集めていた。一方で上エジプトではハゲワシの女神ネクベト（➡p62）が守護神とされていた。古代エジプトでは王の権利の儀礼的な呼び名を「二女主」などと呼び、統一エジプトの守護者としていたが、この二女主とはウアジェトとネクベトのことである。

エジプト北部ルクソールにあるハトシェプスト女王葬祭殿のウアジェトの壁画。撮影：Remih

このページで紹介するのはコブラの女神ウアジェトのほうだ。彼女は鎌首をもたげて攻撃態勢を取るコブラの姿で描かれる。なおネクベトと組み合わされて、蛇の身体にハゲワシの翼や鉤爪（かぎづめ）が付いている場合もある。

また、ファラオの王冠や額には蛇形の紋章を付ける慣わしがあり、これをウラエウスというが、やがてウラエウスとウアジェトは混同されるようになっていった。後世の文献でウアジェトは「畏怖（いふ）の女王」「恐怖の女王」と呼ばれているが、これは王家の神話において、王家の聖蛇（ウラエウス）は敵に向かって火を吹きかけるとされたからである。

怒れるライオンの女神

太陽神ラーの眼は「ウアジェトの眼」と呼ばれることがある。エジプトにくわしい方なら見たことがあるかもしれない眼のマークは、実は女神ウアジェトが太陽神ラーの眼に変化した姿なのである。このときの彼女はメスライオンの頭部を持つ姿で描かれ、太陽神ラーの敵を皆殺しにする怖ろしい女神となる。

人間がコブラ蛇にかまれると、全身が焼けるような激しい痛みに襲われます。だから彼女は炎を吐く蛇として描かれることがあります。次のページで紹介するネクベトさんとおそろいですね。

illustrated by Emanon123

ハゲタカ、ときどきお母さん

ネクベト

神名種別：古代エジプト語　配偶神：不明　神聖動物：ワシ

エジプト名：ネクベト
名前の意味：ケネプの女性

信仰拠点　上エジプト第３ノモス「ケネプ」

王国を守り王を育てる女神

ハゲワシの姿で描かれたネクベト（下半分）。エジプト第 18 王朝のの女性ファラオ、ハトシェプスト葬祭殿の壁画より。

60 ページで紹介した上エジプトの守護神ネクベトは、ハゲワシの女神である。その姿は翼を広げたハゲワシそのもので、足に永遠を意味するヒエログリフ「シェン」を添えた姿で描かれる。下エジプトの守護神ウアジェトと合体して「翼のある蛇」の姿で描かれたり、ハゲワシの帽子を被った女性として描かれることもあるが、その場合はいずれも、上エジプトの王冠である白冠をかぶった姿で描かれる。

またネクベトは王との密接な繋がりから「王の母」としての顔も持つ。紀元前 2300 年ごろのピラミッドの壁に刻まれた葬礼文書『ピラミッド･テキスト』のなかでは、ネクベトは白い雌牛の母神として登場している。またエジプト北部アブシール遺跡の神殿跡には、王を守る乳母としてのネクベトが描かれている。

ふたりで守護するひとつの王国

ネクベトはもともと、上エジプト地方のなかでもさらに上流部にある第 3 ノモスの州都「ケネプ」の主神だった。ナイル川を挟んだ対岸には、のちにファラオも信仰した主要神、ハヤブサの神ホルスを信仰する都市「ネケブ」があり、このふたつの都市は上エジプトの都市連合のなかで首都のような重要都市だったのだ。そのためネクベトはケネプだけでなく、上エジプト全体の守護女神となった。やがて上エジプトの王が下エジプトを征服して統一王朝を立ち上げると、ネクベトは下エジプトのウアジェトと対になり、エジプトの「ふたつの国土」を神格化した存在になった。

エジプトの国土は端から端まで 1000 キロ近い距離があり、1 つの国にまとめるのは大変であった。古代エジプトの人々は「ふたつの国をひとりのファラオが統一する」ことを示すために、ウアジェトとネクベトをつねに 2 柱 1 組で扱ったのである。

エジプト人ってミイラをつくるようになる前、人間が死んじゃったら砂漠に置いて、ハゲワシに食べさせてたらしいニャ。だからネクベトさんはお葬式の女神でもあるのニャ。

illustrated by 塩花

私の街にいらっしゃい

ウアセト

神名種別：古代エジプト語　配偶神：アメン

エジプト名：ウアセト
名前の意味：力強き婦人

信仰拠点　上エジプト第4ノモス「ウアセト（テーベ）」

テーベの守護女神にして街そのもの

ウアセト（別名ウスレト）は、エジプトの重要都市テーベとの関わりを持つ女神であり、もともとは同じくテーベの太陽神アメンの妻のひとりだったと思われる。だが女神ムト（➡p46）をアメンの妻とする物語が広まるにつれて、ウアセトは別の個性を獲得した。彼女はファラオが持つ「杖」の神になったのである。

53ページ右上のファラオが持っている、地面に当たる部分がフォークのように二叉に分かれ、動物の頭部を模したデザインの杖。この杖は「ウアス杖」といって、ファラオの権威を示すとともに、幸福と安寧をもたらす縁起のよいものだった。

さらには、ウアス杖をリボンと羽根で飾ったマークがテーベの標章（シンボルマーク）とされるようになると、ウアセトはテーベの街そのものを擬人化した女神となった。そもそもテーベという都市名は後世のギリシャ人がつけたもので、古代エジプト人はここをウアセトまたはワセト、つまりこの女神と同じ名前で呼んでいたのだ。ウアセト女神はリボンと羽根を飾り、弓矢と斧を持つ女性の姿で描かれる場合があるが、これらの武器はテーベの軍事力を表現している。

右側にウアセト、中央に紀元前1400年ごろの女王ハトシェプストが描かれている。バチカン美術館蔵。撮影：Sebastian Bergmann

王様の装備品いろいろ

ファラオの持ち物を擬人化した女神はほかにもいる。例えばシェスメテト（➡p177）という女神は、ビーズのベルト（シェセメト）を擬人化した存在である。

ファラオはほかにも王権を示す装飾品を身に着けていた。例えば上エジプトの王がかぶる白冠、下エジプトの紅冠（➡p53）はぴたりと合体する構造で、合わせてもバラバラでも使える。このほか、青い冠（ケプレシュ）は戦争の時にのみ用いられた。

テーベっていうのはウアセトさんの本拠地にギリシャ人がつけた名前らしいけど……たしかおんなじ名前の都市が、ギリシャにもなかった？
なんで同じ名前をつけたんだろ？

illustrated by アイゴンデロガ

小さな獰猛さは攻防兼ねる

マフデト

神名種別：古代エジプト語　配偶神：なし

エジプト名：マフデト
名前の意味：不明

信仰拠点　不明

護る力と処刑の力

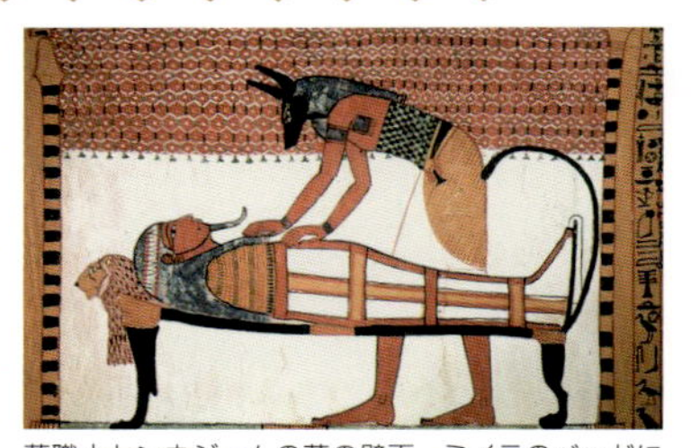

墓職人センネジェムの墓の壁画。ミイラのベッドになっているのがマフデトである。

古くから神として名を知られているにも関わらず、その正体が不明瞭な存在。エジプトでは珍しくない例だが、マフデトは特に古い時代の文献からその名が記されているにも関わらず正体不明という、ある意味で不遇の女神である。

マフデトが図絵で表される場合、さまざまな姿が示されているため、真の姿の断定は困難である。間違いないのは、猫やマングースなどの小型で獰猛（どうもう）な肉食動物の要素を持つ、という点のみだ。

彼女の属性は時代によって少しずつ変化している。初期の文献によれば、その獰猛さから蛇やサソリの害から人々や他の神々、亡き王を護る者、とされていた。だが時代が進むにつれて、早い時代からマフデトに関連付けられた「処刑器具」との繋がりが強くなっていく。有害な動物を退治する、という属性が、悪行をなす者を処罰する、という考え方に変化していったのである。その結果、古代エジプトがもっとも栄えた新王国時代の葬祭文書では、守護神でありながら罪ある死者を処罰または処刑する役回りで、来世の審判の場面に登場するまでに至っている。

碑文に残された奇妙な儀式

マフデトは特定の儀式や信仰の対象にこそならなかったものの、守護神として広く知られていたことは確かである。ある碑文には、マフデトの加護を受けて魔物や有害な亡霊から身を守る儀式の行程が刻まれており、それによると「男根型のパンを作り、それに対して呪文を唱えたあと、パンを脂身の多い肉に包んで猫に食べさせる」という儀式を行えば、マフデトは魔物たちを滅ぼしてくれるのだという。

処刑器具の女神マフデトさんのパートナーは、サソリの女神ヘデテトさんニャ！　ヘデテトさんは58ページのセルケトさんとそっくりさんで、ばっちい敵から赤ちゃんを守ってくれるニャ。

illustrated by けいじえい

次の人生をコーディネイトします♪
レネヌテト
神名種別：古代エジプト語　配偶神：セベク
エジプト名：レネヌテト
名前の意味：養育する蛇
信仰拠点
下エジプト第３ノモス「テレヌティス」

豊穣の蛇の女神

レネヌテトは、エジプトに多く見られる蛇の女神の１柱である。人間女性の首から、頭のかわりに聖なる蛇ウラエウスが生えた女性の姿で描かれる。この頭部には２本の羽根飾りがついていることが大半だが、頭上に牛の角と太陽の輪をのせて、鎌首を上げたコブラの姿で表現されることもある。

羽を持つ蛇を首から生やした姿のレネヌテト。

レネヌテトは約5000年前、古王国時代まで遡る歴史を持ち、大地の肥沃さを示す女神である。名前は「食べ物」と「蛇」の組み合わせたもので、「養育する蛇」を意味する。「肥沃な地の女主人」「脱穀場の女主人」「穀倉の女主人」などと呼ばれ、エジプト全域で特に農民から深く信仰された。特に収穫のときには、いちばん最初に穀倉に入れる麦の穂はレネヌテトに捧げられたという。

レネヌテトがなぜ農民の神なのかというと、それは彼女が「死亡し、再生を待つ者の守護神」だからだ。古代エジプト人は、種子の発芽を「死んだ穀物が生き返る」現象だと信じ、レネヌテトがこの復活劇を演出していると考えたのだ。壁画などで彼女は、穀物の神ネプリの乳母として乳を与える姿がしばしば描かれている。

生前と死後の衣を管理する

死からの再生を守護するという性質から、レネヌテトは王家にとっても重要な神となった。死亡したファラオの肉体はミイラとして保存される（➡p74）が、このとき遺体を包む「亜麻」の布は、レネヌテトに守護されると信じられていた。また、織物の女神タイエト（➡p72）とともに神殿の衣装部屋を管理する女神だとされており、彼女は生前と死後、両方のファラオの衣服に責任を持つ女神だったのである。

レネヌテトさんは、自分が誕生を手伝った人間の魂をずっと見守っています。そして「死後の裁判」のときは、我々裁判官に貴重な証言をくださいます。隠そうとしても無駄ですよ、よしむーさん？

illustrated by 広輪凪

萌える! エジプト神話の男神事典④ ホルスとアヌビス

最後は、ファラオの権力を示すハヤブサの神ホルスと、エジプト人の「死」を理解するうえで重要な位置を占めるアヌビスを紹介します。ここまでの7柱の男神は特に重要ですよ。

エジプト神話の男神⑥ ファラオがあがめた天空の神 ホルス

一般的なホルスの姿を描いた壁画。エジプト南部の都市遺跡アビドスにある、セティ1世の葬祭殿より。撮影：Zygimantus

ホルスは最も古く重要な神の1柱で、ハヤブサを神格化した存在である。一般的にはハヤブサの頭部を持つ男性の姿をとる。

数多くの役割を持つホルスだが、最も重要視されているのは王のシンボルとしての役割だ。ラーまたはオシリスの息子であるホルスは王権の正当な後継者であり、歴代のファラオたちはホルスの生まれ変わりとされていた。エジプトの人々は天空を舞うハヤブサに、地上を睥睨(へいげい)する神の威信を見いだしたのである。

エジプト神話の男神⑦ 死者を保護し冥界へ導く アヌビス

アヌビスの像。手前でひざまずいているのは崇拝者である。アメリカ、ウォルターズ美術館。

アヌビスは、黒い毛並みの犬のような頭部を持つ神である。神々や人間の死に深く関わり、特にミイラ作りの神としてよく知られている。

ヘリオポリス神話では、全身をバラバラにされ殺されたオシリス神（➡p57）の遺体を包帯で包んで整え直し、復活の下準備をしたことから「エジプトではじめてミイラを作った神」として多くの信仰を集めていた。そのほかにも、死者の遺体を守護したり、死者の罪を計る（➡p156）役目を与えられている。

死と冥界の女神

Goddeses of Death & Underworld

古代エジプトの人々は、人間の死と、死後の世界に強い興味を持っていました。死んだ人間が死後の世界で幸せに暮らすためには厳しい作法があり、その作法をきちんと守った死者だけが、「魂の消滅」という古代エジプト人にとっての最大の恐怖から逃れることができたのです。

死者の行動と、死者が住む地下世界「冥界」には、多くの神々が関わっています。この章では人間の死と冥界に関わる、８組９柱の女神を紹介します。

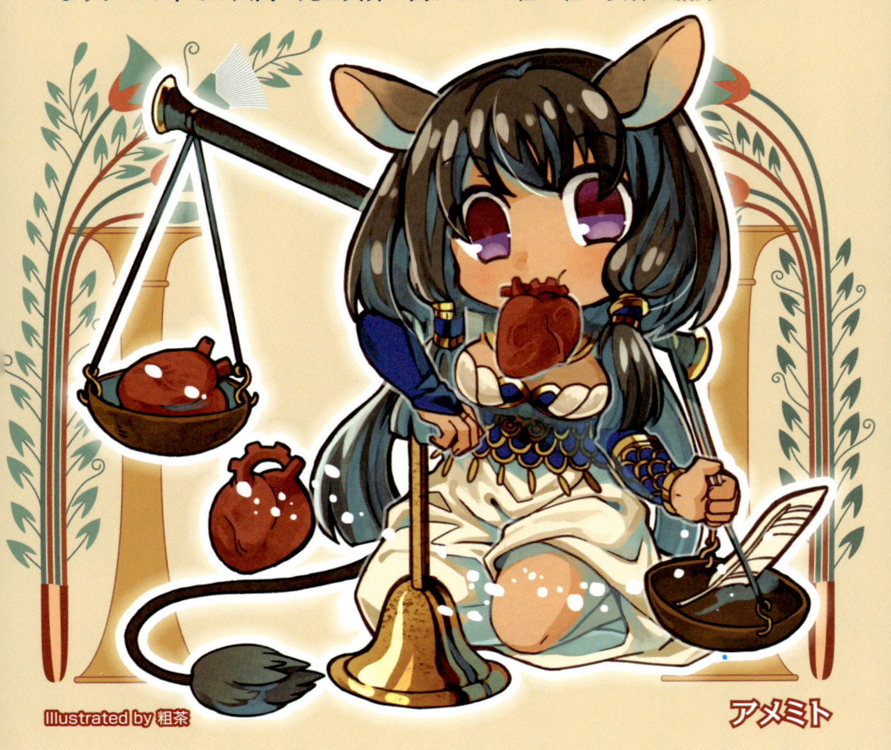

死んだあとでもオシャレしたい！
タイエト
神名種別：古代エジプト語
エジプト名：タイエト
名前の意味：屍衣
信仰拠点 不明

ミイラの包帯を織り上げる女神

タイエトは約4500年前、古王国時代から信仰されている機織りの女神である。織物を守護する女神はほかの神話でもよく見られるが、タイエトは数多い織物の女神のなかでも特殊な役割を持っている。彼女の職責は、さまざまな織り物のなかでも特に「ミイラの体に巻き付ける包帯」を織り上げることなのだ。死者の肉体をミイラにして保存する習慣があるエジプトならではの女神といえよう。

タイエトの名前は、葬儀にまつわる宗教文書にしばしば登場する。王の墓に描かれた死者のための呪文書では、王の母として亡き王に衣装を着させて天空まで持ち上げる、王の頭部を守り、骨を集めて王が他の神々の好意を受けられるようにするなどの活躍を見せる。また、ミイラ作りの前に遺体を洗う「清めの幕屋（イブ・エン・ウアブ）」のカーテンを織るのもタイエトの役目である。

古代エジプトの布事情

タイエトの織る包帯は古代エジプト人の葬儀においてなくてはならないもので、約4000年前、中王国時代の神話『シヌへの物語』では、国王センウスレト1世がエジプトを出た主人公に帰国をうながすとき、以下のような文章で「死後にタイエトの手から包帯を受け取れるのはエジプトだけ」だと強調する。

「埋葬の日（の）尊者への〈転身〉を思い起こしてみよ。その時、汝のために、香膏とタイト手ずからの包帯とをもって、汝のため、夜が取り除かれん」

（『エジプト神話集成』（筑摩書房）より）

一着数百円で良質な下着が買える現代では想像しにくいが、かつて布とは非常に高価なものであった。遺体の全身に巻き付けるためだけに包帯を購入するのは、遺族にとって相当な経済的負担になったことだろう。そのため死者の友人や縁者が布地を持ち寄って、死者の包帯にしたという記録もある。古代において布は貴重品であり、それを提供するタイエトもまた偉大な女神なのである。

タイエトさんは死んだ人の体がバラバラにならないようにまとめてくれるんだって。プチっといっちゃったわたしの体も、タイエトさんになんとかまとめてもらわなくちゃ、あはは……（乾いた笑い）

illustrated by とんぷう

死後のことなら私たちにお任せ
インプト&ケベフウェト
神名種別：古代エジプト語　配偶神：アヌビス／不明
インプト
エジプト名：インプト
名前の意味：アヌビスの古名インプの女性形
ケベフウェト
エジプト名：ケベフウェト（ケベフト）
名前の意味：天空の蛇?
信仰拠点
上エジプト第17ノモス「ハルダイ（キュノポリス）」

多忙な父親を支える妻と娘

死後の世界で死者を守護する存在として知られるアヌビス（➡p70）だが、彼は死者の裁判においても重要な存在であり、なかなか他の事まで手が回らなかったようだ。インプトとケベフウェトは、神話において多忙なアヌビスを陰から支えていたとも言える、死後の世界の女神である。

インプトはアヌビスの妻であり、その名前はアヌビスの古名「インプ」に「t」を付けて女性形にしたものだ。彼女の役割は「アヌビスのミイラ制作を補佐する」というものなのだが、夫アヌビスほどの重要性を見出されなかったらしく、神話ではほとんど触れられていない。ただし上エジプトではこの女神のための祭儀がなされていた、という記録があり、何らかの信仰があったものと考えられる。

ケベフウェトはアヌビスの娘であり、同時に王の愛する妹とされていた。彼女の役割は「死者の身体、特に亡き王の心臓を、4つのネムセト壺から注ぐ清浄な水で活気づけて清め、王の復活を支え助ける」というものだ。ただし後世においてその役割は別の神に移り、結果として有力な神とはならなかった。

清めの水を注ぐ「ネムセト壺」

エジプト神話で、遺体とともに置かれる4つの壺といえば、女神イシスなど主要な女神の加護を受けた、死者の内臓を納める「カノプス壺」であろう。だがネムセト壺はそれとは違い、右の写真のような「水差し」である。遺跡からよく発掘されるもので、実際に死者の身体の浄めに使われていた、と考えられている。

カセケムイ王の墓から出土した、金箔の貼られた蓋がある水差し。撮影：Captmondo

まったくもう、彼女も自分の名前の由来を覚えていないのですか。「ケベフ（天空）」という文字が入っていますから、「天空の蛇」だろうと思いますが……そこのあなた。あなたは自分の名前の由来を説明できますか？

illustrated by しかげなぎ

死んだら西までいらっしゃい

アメンテト

神明種別：古代エジプト語　配偶神：アケン

エジプト名：アメンテト
名前の意味：西の女

信仰拠点　ナイル川西岸地域

西の方角を守護する女神

女神アメンテトは、人間の女性の姿で、頭の上に「西」をあらわすヒエログリフを乗せた形で描かれる。彼女はまさに“文字通り”西の方角を守護する女神なのだ。

古代エジプトの人々は、西は死者の国だと考えていた。彼らは太陽の運航は「朝生まれた太陽が、力を失って死ぬときに、西の彼方で地下世界へ向かう」現象だという思想を持っており、それゆえに西方は死者の領域とされたのである。実際に、ナイル川から東に向かうと数日で紅海にたどり着くが、西には永遠とも思える広さの死の砂漠が広がっているという事実があった。彼らはナイル川流域から西に離れた場所に墓地を築き、自分もいつか死んだときは、西の方角で女神アメンテトに迎えられ、彼女に1杯の水を飲ませてもらってから、地下の冥界に向かうと信じていたのだ。

エジプト第18王朝のファラオ「ホルエムヘブ」の墓から見つかった、ホルエムヘブを出迎えるアメンテトの壁画。

アメンテトの夫はアケンという。彼は死せるファラオを冥界へと案内する神で、夜の舟「メスケテト」を運行する船乗りである。

未来のために捧げた信仰

繰り返しになるが、アメンテトは西の方角の女神である。つまり古代エジプトには、西だけでなく東西南北の四方の女神が存在していたと考えられる。だが東の女神については「イアベト」という名前がかろうじて残っているのみだ。北と南の方角については、神の名前すらわかっていない。

つまり古代エジプト人たちは、自分がすでに通り過ぎて用がなくなった「誕生の方角」は重視せず、いつかかならず向かう「死後の方角」を熱心に信仰していたのだ。いつの時代も、人間というのは現金なものである。

うーん、このアメンテトさんって、本当に独立した女神なのかな？　なんかハトホルさんやイシスさんが頭に西のヒエログリフを乗せて、アメンテトさんのコスプレをしてる壁画をあちこちの遺跡で見るんだけど。

illustrated by 大山ひろ太

永遠の墓泥棒ハンター！

メレトセゲル

神名種別：古代エジプト語　神聖動物：コブラ

エジプト名：メレトセゲル、メル・セ＝ゲル
名前の意味：静寂を愛す者

信仰拠点　上エジプト第４ノモス、テーベ対岸「王家の谷」

王墓を守る山の女神

エジプトのナイル川上流地方、上エジプト第４ノモスには、長くエジプト王朝の首都だったテーベという街がある。この街はナイル川の東岸にあり、川を挟んだ西側には、無数の墓地が連なる「王家の谷」という名所がある。メレトセゲルはこの王家の谷の中心にある、ピラミッドの形をした岩山の女神であり、彼女のお膝元で罪を犯す者、すなわち墓の盗掘者に毒液を吐きかけて盲目にするという。ただし彼女は慈悲深い性格でもあり、罪を犯した盗掘者が心の底から悔い改めるなら、甘い吐息をあびせて毒を癒してくれるとされていた。

メレトセゲルの姿が描かれた石灰石の石版。波打つ胴体と頭上の「円盤付き角」が特徴のひとつである。フランス、ルーブル美術館蔵。

メレトセゲルの外見が人間風に描かれることは少なく、鎌首を持ち上げたコブラの姿、あるいはコブラの頭部に人間女性の顔がついた姿で表現される。ときに女性の頭を持つサソリ、三つ首で羽のある蛇の姿をとる場合もある。

盗掘者との終わりなき戦い

メレトセゲルを信仰していたのは、「王家の谷」に埋葬された王族や貴族ではなく、墓地を設計建築する職人たちだった。彼らは自分が作りあげた墓が墓荒らしの被害に遭わないようにと、メレトセゲルを熱心に信仰したという。

現代人の我々にとって、エジプトの墓を荒らしたのは王朝滅亡後の近現代人というイメージがあるが、実は墓が完成した直後から盗掘の危機にさらされていたのが現実であった。メレトセゲルは偉大な女神だったが、信者たちが求めるように墓を守りきることはできなかったのである。そしてエジプトの首都がテーベから移転し、王家の谷が使われなくなると、メレトセゲルへの信仰も急速に廃れていった。

彼女の名前「静寂を愛す者」の“静寂”とは、不届きな泥棒が入り込まない、つまり犯罪のない状況を指します。私マアトが守護する「真理」ともよく似ていまして、彼女とは気が合うのですよ。

illustrated by チーコ

私は神様の大好物

マアト

神名種別：フランス語　配偶神：トト、オシリス

エジプト名：メアート、メアアト
名前の意味：真実、正義、秩序

信仰拠点　エジプト全域

エジプトすべての正しさの象徴

世界の神話において、正義や裁きを担当する女神は、天秤を持っていることが多い。エジプト神話で天秤と関わる女神といえば、真理の女神マアトがあげられる。マアトは、古代エジプト人が考える「世界の法則」「真理」「正義」などに人格を持たせた存在なのだ。

ラムセス3世の墓に描かれていた、マアトの壁画を描いた絵。腕に翼が生えており、頭の上には彼女の象徴物「真実の羽根」が乗っている。

マアトが壁画などに描かれる場合、人間の女性の姿で頭に１本の羽根を乗せている、という姿で表現されるが、場合によってはしゃがみ込んだ手のひらサイズの女性の姿、あるいは頭の羽根のみによって表されることもある。また単体の人間女性の姿で表される場合、多くは腕に鳥の羽根を伴う。

彼女は特定の神話を持たず、ほかの神と習合及び同一視されることもなく、特定の神殿などで崇拝されることもまた極端に少なかった。これは祈りでご利益が期待できる神ではなく、同時に崇拝される神でもなかったということを示している。だが、マアトが軽視されていたわけでは決してなく、マアトが一般庶民から王家に至るまで、非常に重要な役割をもって「従われ」、「裁き」、そして「使われていた」という、概念として特殊かつ重要な存在であるためだ。

公平な司法と裁判の象徴として

マアトは太陽神ラーが世界を創世したとき、それと同時に確立した宇宙の秩序そのものである。だがピラミッド内部に書かれた死後のガイドブック「ピラミッド･テキスト」には、その秩序とマアトは永遠のものではなく、常に更新し、維持を続ける努力が必要とされるものと記されており、そのためマアトは、マアト（秩序）が保たれているかどうかを監視し判断する女神になったのである。そして古代エジプトの司法関係者は「マアトの神官」や「マアトの預言者」と呼ばれ、また彼らは権威の印としてマアトの小像を身に付けていた。このようにマアトは裁判や司法と非常に関係が深い。

マアトの重さは罪の基準

もちろん、ただ単に「秩序そのもの」という設定のみで、マアトが司法と裁判の女神とされたわけではない。マアトは死後に生前の行いを裁かれる「心臓計量の儀式」において、人間の罪を量る基準となっているのだ。

アニのパピルス「心臓計量の儀式」の図絵。天秤の左側には死者の心臓、右側にはマアトの「真実の羽根」が乗っている。羽根の代わりに、小さなマアト女神自身が乗っている場合もある。

古代エジプトでは、死後の世界の入り口において、死者は数々の困難に立ち向かうと考えられていた。それら困難のなかで最大の試練とされていたのが、オシリス神をはじめとする神々の前で生前の罪を裁かれることであった。すべての神々が死者の罪を暴こうとするなか、必死で身の潔白を証言し続けなければならないのだ。

ひとまず口上で身の潔白を信じてもらえたとしても、その後には「心臓計量の儀式」が控えている。この場面では右上の写真のとおり、心臓と「マアトの真実の羽根」がそれぞれ天秤に乗せられ、その重さが釣りあうかどうかによって判決が下される。証言のとおり死者が潔白であれば、真実の羽根（またはマアト自身）と心臓は同じ重さで釣り合い、天秤は決して傾くことはない。心臓は死者の生前の行為そのものを示すものであり、これが真実の羽根と同じ重さでないということは、すなわちそこまで述べてきたすべての証言が虚偽である、と断言されるに等しいのだ。罪深き失格者の心臓はアメミト（➡p84）へと投げ与えられ、あの世の奥底にある暗闇で、復活を否定され未来永劫もがき苦しみ続ける運命を与えられる。

このように、マアトは死者の証言の真偽を文字通り「量る」存在であり、だからこそ真実と正義、秩序と公平さの象徴として扱われていたのだ。また、正しく生きることは「マアトに従って生きる」とされ、心臓計量の儀式において、正しく生きた善人に対しては、マアトが進んで無罪を証明してくれると信じられていたという。

マアトは最高の供え物？

マアトには、他国の神話には見られない、奇妙な特徴がある。複数の文献や記述において、マアトは「神々に対する最高級の供物」であり、同時に「神々の常食」である、というのだ。神々は常にマアトを補充する必要があり、王がマアトを捧げるのは、礼拝において最高の行為とされていた。王が神にマアトの小像を捧げる図絵も数多く残されている。神が神々の供物とされる、というのは奇妙な話だが、だからこそマアトはすべての神域に普遍的に存在する神とされ、特定の神域を持たなかったのである。

エジプトでは、せんそーとか悪いせーじとかがあると、みんながよってたかって「マアトが死んだ」って騒ぎはじめるニャ。
わりとしょっちゅう死んでたからマアトも大変ニャね～。

illustrated by レルシー

ご飯はめったに食べられない？

アメミト

神名種別：古代エジプト語　配偶神：なし

エジプト名：アメミト、アメミット
名前の意味：死者を食うもの

信仰拠点　特になし

罪ある死者を滅ぼす処刑者

アメミトは、古代エジプトの死後のガイドブック『死者の書』の挿絵にその姿が表されている、死後の世界に関係する存在だ。ただし彼女は公的祭儀などにおいて信仰を集めていた記録はなく、民間での信仰もなかったようだ。なぜならアメミトはエジプト人にとって、死後もっとも恐れるべき存在であったためだ。

アメミトの外見は、頭がワニ、胴体はライオン（ヒョウの場合もある）、足はカバという、3つの動物を継ぎ足した奇妙な姿である。これらはそれぞれ、古代エジプト人が水辺、地上、水中でもっとも恐れていた動物であり、アメミトが恐ろしい女神であることを示唆している。なぜならば、彼女は死者の生前の行いを裁く「心臓計量の儀式」（➡p81）に失格した、罪深き死者の心臓を食らい尽くす役目を持っているためだ。古代エジプト人は、心や魂は心臓の中に入っているものと信じていたため、心臓を食べられてしまうことは2度目の死の宣告、魂を失うことであり、すなわち死者の楽園や来世への転生を否定される、永遠の破滅を意味しているのだ。

やっかい者の恐るべき女神

アメミトは確かに神であるが、何よりもまず忌み避ける必要のある魔物とみなされており、その力を抑えることが必要だ、と考えられていたという。古代エジプトの人々にとってアメミトは、罪を働いた者に対して、死後に報いを与えるために待ち構えている、決定的な脅威であり続けていたのだろう。

古代エジプトのパピルスに描かれた、アメミトの姿絵。ぱっちりとした目が女神らしい。

ただし、正しい者が作法を間違えたがために心臓計量の儀式に失格したとしても、『死者の書』には失敗を帳消しにする呪文が用意されている。善き人間であれば、それほどアメミトを危険視する必要はなかったのかもしれない。

いいニャー、食べるのがお仕事って理想ニャン？
こっち来てからいろいろ忙し過ぎるのニャ。またよしむーとコタツでごろごろしたいニャン。

illustrated by あれっきー

旦那様をお助けします

ヘメウセト

神名種別：古代エジプト語　配偶神：カー

エジプト名：ヘメウセト
名前の意味：不明

信仰拠点　不明

常に一対の夫婦

エジプト神話には「カー」という概念がある（➡p150）。このカーとは、いわば霊魂、活力などを指すもので、すべての人間や神が備えており、死とはカーが身体から離れるときに起こるものと考えられていた。

このようにカーは抽象的な存在であるが、擬人化されて神としても信仰されていた。この擬人化されたカーの配偶神たる女神がヘメウセトである。ヘメウセトはカーの伴侶であると同時に情婦でもあって、カーを再生させてエネルギーを補充するとされている。

ヘメウセトの夫カーの彫像。カーは指先を上に向けた腕として描かれる。エジプト考古学博物館蔵。

ヘメウセトはたいてい跪（ひざまず）いた女性として描かれる。その姿は頭部に３つの部分に分かれたカツラを被り、細身の衣装をまとい、幅広の首飾り、腕飾り、腕輪、足首飾りといったイヤリングを除いたアクセサリーを多数身に着けている。腕には王か神の子を抱いているが、構図の都合上か子供から顔を背けているような図画であることが多いようである。

またカーは内部に４つの元素を持っていると考えられており、彼が持つ元素の色は黒と赤である。同様にヘメウセトにも４つの元素と色があると見なした場合、その色は黄か赤となる。

セベクの妻ヘメウセト

下エジプトの都市サイス（現エジプト北部サ・エル=ハジャル）周辺では、ヘメウセトは都市の守護女神ネイト（➡p110）の息子セベクの妻として崇められていた。これはヘメウセトが「配偶神を癒やし、エネルギーを補充する」神であるためだった。

神話に登場するヘメウセトは、人間の誕生とともにあらわれ、その人間に運命と寿命を授けて去っていきます。真理にしたがって決められた人生のレールです、踏み外さずにキッチリと生き抜くのですよ。

illustrated by 桃の缶詰

神様みんなのお母さん

メヘトウェレト

神名種別：古代エジプト語　配偶神：なし

エジプト名：メヘトウェレト
名前の意味：偉大な増水

信仰拠点　不明

太陽神ラーの母

メヘトウェレトは比較的知名度の低い創世神話に登場する雌牛の女神であり、太陽神ラーの母とされる。世界が創られたとき、メヘトウェレトは水中に出現して太陽神ラーを産み、それを日輪としてみずからの角のあいだに置いたとされる。

多くの場合、メヘトウェレトは雌牛、あるいは雌牛の頭部を持つ女性の姿で描かれる。どちらの場合も太陽神ラーの母として、日輪を角のあいだに挟んだモチーフの頭飾りを付けている。紀元前 1300 年ごろのファラオ、ツタンカーメンの王墓からは、雌牛の姿のメヘトウェレトをあしらった葬祭用寝台が出土している。

新王国時代（紀元前 15 世紀～ 10 世紀ごろ）の葬祭文書や墓に描かれた壁画では、角のあいだに日輪を持つメヘトウェレトが、儀式用の襟飾りと装飾のある毛布を付け、背中から神性の証である笏か殻竿が突き出た姿で、葦のむしろの上にひざまずいた姿が描かれている。

ツタンカーメン王の王墓から出土した、雌牛のメヘトウェレトをあしらった葬祭用寝台。撮影：amaunet

そして「日輪（太陽）を天空に引き上げる雌牛」というイメージによって、メヘトウェレトは天空とも同一視されるようになった。紀元前 2300 年ごろの葬礼文書『ピラミッド・テキスト』のなかでは、メヘトウェレトは天空女神として扱われ、太陽神や王が航行する天空の水路をあらわすとされている。

始まりの女神として

メヘトウェレトはエジプト神話における原初の創世を概念化した存在であるためか、個別の神殿や祭儀は持たなかったと考えられている。とはいえ創世、誕生、再生に影響力を持つ女神として、葬祭に関する文献や図画に広く登場する。

メヘトウェレトさんが描かれてたツタンカーメン王のベッドには、ほかにも死んだ人を守る女神様が 3 柱も描かれてたよ。
3 人がかりでお守りなんて、さすがはファラオ、VIP 待遇だね！

illustrated by 笹木まる

「ツタンカーメンの呪い」は存在したか？

ファラオのお墓には宝物がたくさん入ってるけど、
勝手に掘ったらバチがあたるのニャ！
ツタンカーメンさんの呪いとか、よしむーの本にも書いてあったニャ！

1922年。イギリスの考古学者ハワード・カーターは「20世紀最高の発見」と称される偉業を成し遂げた。古代エジプトの王の墓が集中している「王家の谷」にあった岩窟（がんくつ）墓（ぼ）群の発掘調査の結果、第19王朝のファラオ、ツタンカーメンの墓を発見したのだ。現存するファラオの墓のほとんどは盗掘されているのだが、ツタンカーメンの墓は3000年以上も前に作られたものであるにも関わらず、王のミイラや大量の副葬品が、ほぼ完全な形で出土したのである。

しかし、この世紀の大発見には、恐ろしい呪いの影が付きまとっているのだ。ツタンカーメン王の墓の入り口には、次のような警告の碑文が刻まれていた。

――偉大なるファラオの墓にふれた者に、
死はそのすばやき翼をもって飛びかかるであろう――

果たして碑文にあった言葉どおり、発掘者カーターの一番のスポンサーで、墓の開封にも立ち会ったカーナヴォン卿が、発掘の翌年に原因不明の高熱で急死する。これを皮切りに、カーターら発掘関係者が次々に急死。発掘から1930年までの8年間で、生き残った関係者は22名のうちわずかひとりであった。

この出来事は「ツタンカーメンの呪い」と呼ばれ、世界中で報道された。呪術説、ガス中毒説、未知のウイルスによる感染症説など、死の原因はさまざまに考察されている。シャーロック・ホームズで知られる作家コナン・ドイルは「墓荒らし対策として、致死性のカビが設置されていたのでは」と、呪いを支持する見解を発表している。

急死したカーナヴォン卿。彼は若いころの大ケガが原因で、病気がちな虚弱体質であった。

……などと人間たちは噂していますが、勘違いもいいところです。
カーナヴォンの死因は「ひげ剃りのときに頬を切り、傷から雑菌が入って菌血症になった」ことで、ファラオの墓とは関係ありません。

ええっ、ホントですか!?
ということは、呪いなんてなかった……？

無関係です。そもそも関係者22名の平均死亡年齢は70歳前後、寿命ではないですか。そして「警告の碑文」など存在しません。この際だからキッチリ言っておきます。でっちあげですよ。

死と冥界の女神

都市と職能の女神

Goddeses of City or Job

古代エジプトの国は、100を超える都市と、無数の集落の集合体です。都市にはそれぞれ独自の宗教と守護神がいて、ファラオが信じる神々とは独立した宗教体系をつくっていました。この章ではナイル川の上流部「上エジプト第1ノモス」の守護神であるアンケトから順番に、ナイル川の下流域に向かって、各都市の守護神を紹介していきます。また、最後の3柱では、地域と関係なく特定の役割を持つ神として広く信仰された、職能の守護神を紹介します。

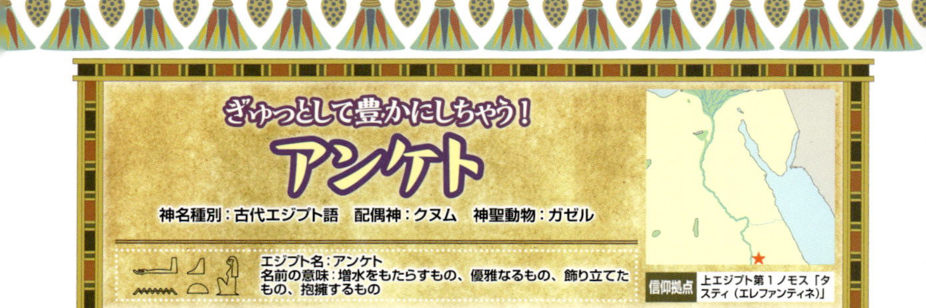

ぎゅっとして豊かにしちゃう！

アンケト

神名種別：古代エジプト語　配偶神：クヌム　神聖動物：ガゼル

エジプト名：アンケト
名前の意味：増水をもたらすもの、優雅なるもの、飾り立てたもの、抱擁するもの

信仰拠点　上エジプト第１ノモス「タスティ（エレファンティネ）」

ナイル川の南を守る女神

アンケトは体にぴったり張り付いた服を着て、その頭部には赤いオウム、もしくはダチョウの羽根を束ねたものをつけた冠をかぶっている。その羽根は縦に長いため、まるでそびえ立っているように見えるという。また、アンクという十字架型のアイテムか、パピルス杖という杖を持っている。彼女の神聖動物はガゼルだが、時にはアンケト自身がガゼルの姿で描かれる。また、ハゲワシの姿で表されることもあるという。

アンケトはエジプトの最南端、ナイル川の流れが急激に曲がる「第一急流」の女神だ。創造の神クヌム、豊穣と愛の女神サティス（➡p94）とともに、３柱セットで信仰の対象になっている。アンケトはクヌムとサティスの娘、またはサティスの母、クヌムの妻とされている。彼女はエジプトに恵みをもたらすナイルの増水に関係する女神で、彼女の名前である「抱擁するもの」は川の増水を彼女に抱擁されることに見立て、彼女が抱くことで畑が豊かになることを表している。

セヘル島のレリーフ。右側に女神アンケトが彫られている。

起源は古い水の神

アンケトの起源は古いもので、もともとはエジプトの南にあるスーダン出身の水の女神であったらしい。ナイル川上流のアスワン地方やヌビアなど、広い範囲で崇拝されていた。かなり人気のある女神で、子供に「アンケトに愛されたるもの」や「アンケトの男」などの名前をつけることもあったという。

エジプトでは、紀元前2700年ほど前の古王国からその存在を知られており、そのころは「ラーの娘」と言われていたが、紀元前2000年頃の中王国時代にはクヌム、サティスとともに３柱神に組み込まれている。豊穣を約束する女神であるだけに肉欲の女神としての一面も持っており、その崇拝は淫猥なものであったという。

アンケトさんの「抱擁」、優しく抱いてくれるとはかぎらないニャよ！
「ぎゅっと押しつぶす」って意味だって説もあるらしいニャ。ニャーも昔、コタツでよしむーが寝返りうって大変なめにあったことが……。

illustrated by. あげきち

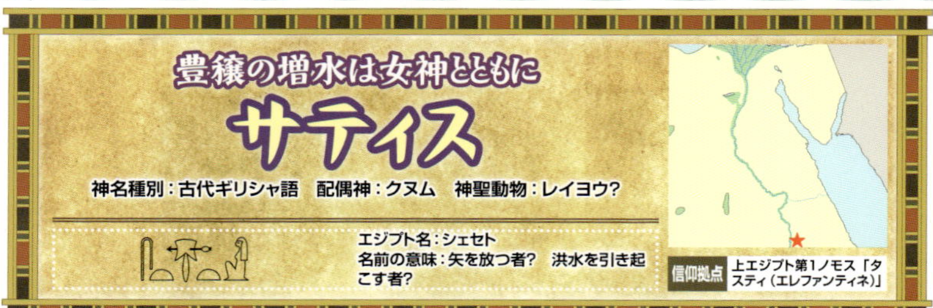

豊穣の増水は女神とともに

サティス

神名種別：古代ギリシャ語　配偶神：クヌム　神聖動物：レイヨウ?

エジプト名：シェセト
名前の意味：矢を放つ者?　洪水を引き起こす者?

信仰拠点　上エジプト第1ノモス「タスティ（エレファンティネ）」

ナイルの増水とシリウス星

サティスは、エジプトに豊穣をもたらすナイル川の増水を一定周期で引き起こすとされていた女神である。ナイル川がうまく増水しなければ古代エジプトの農業は成り立たなかったため、彼女は豊穣神として広く崇められていたという。

レイヨウ。アンテロープとも。レイヨウの角は、多くの地域や神話において、医学や魔術の象徴とされている。

彼女が壁画などで表される場合、上エジプトを表す白冠の横に、レイヨウというウシ科の動物の角や羽飾り、蛇形記章（ウラエウス）などが付いたものを被った女性の姿で表現されることが多い。また、肌の色はその起源に諸説あるものの、必ず真っ黒に塗られている。

またサティスは古代エジプトに恵みをもたらす、ナイル川の増水の始まりを告げる星シリウスと同一視されていた。彼女が祀られていた神殿は、増水の音が真っ先に聞こえるというナイル川の上流部に建てられており、さらには建築要素の方位がシリウスの位置と注意深く合わされていたのだ。これら要素を顧みれば、サティスがシリウス及びナイル川の増水と結びついていたことに間違いはない。

優しさと強さを併せ持つ

サティスはナイル川に増水をもたらす豊穣の女神である一方で、獰猛な女神であるとも考えられていた。コフィン・テキストという葬祭文書では、彼女はラーよりも強く獰猛な女神であり、南から来る危険に対し矢をもって立ち向かい、死者を護るのだという。川の水はときに人を殺す災厄となることが、獰猛さの由来だと考えられる。

ピラミッド・テキストという葬祭文書のサティスは、ナイル川の水源近くで汲んだ清めの水で、亡き王の身体を浄める存在として描かれている。

ナイル川に増水をもたらす女神は、すなわち作物の実りをもたらす女神ですので、出産に関連する方が多いのですが……なぜかサティスさんは「妊娠できない」女神だと設定されています。

illustrated by Zukky

いろいろ生んだ聖なる雌牛

エジプト神話において、牛の姿をとる神は多い。これらの神々は男神も女神も古い、非常に重要な役目を持っていることが多い。それだけ牛は神聖視されていたのだ。牛の姿をとる女神は創造・豊穣の力を表している。ヘサトもそんな牛の女神の 1 柱である。ヘサトは牛のなかでも特に野生の雌牛の女神として崇拝されており、ファラオは彼女を乳母にして育つといわれていた。また、死せるファラオはヘサトの息子と呼ばれ、黄金の子牛の姿で描かれた。

ヘサトには、ほかにも「ムネヴィス雄牛」と呼ばれる子供がいる。この聖なる雄牛は、太陽信仰の本拠地であるヘリオポリスで、現実世界に生きている黒い雄牛のなかから 1 頭だけ選ばれる。ムネヴィス雄牛は太陽神ラーの魂、あるいはラー神とアトゥム神が一体化した「ラー＝アトゥム」神が牛の姿をとっているものだとされていた。そして太陽神の望みを神託として人間に示すと信じられていたのだ。ムネヴィス雄牛を産んだ母牛はヘサトの化身だと考えられ、死後は特別な墓地に埋葬されたという。

人々にビールで栄養を

ヘサトの乳はファラオに滋養を与えるとされたが、その特徴は、すべての人々にミルクを与える女神である、というように変質していった。彼女の乳は「ヘサトのビール」として人々の乾きを癒した。このため、ヘサトはもう 1 柱のビールの女神テネミトとともに人々に栄養を与える女神であるともされた。

当時のエジプトのビールは飲んで酔うためのものではなかった。まず、清潔な水が少ないエジプトでは、ビールは貴重な水分補給源だった。そしてエジプトの食生活はパン食が中心だったせいで栄養不足が起こりやすく、ビタミン補給のためにビールが必要だったのである。当時のビールはどろっとした不透明な飲み物で、どちらかというと酒ではなく食事の一種であったといえる。ヘサトは王に霊的な滋養を与えるだけでなく、テネミトとともにエジプトの民全体の健康を守る神でもあったのだ。

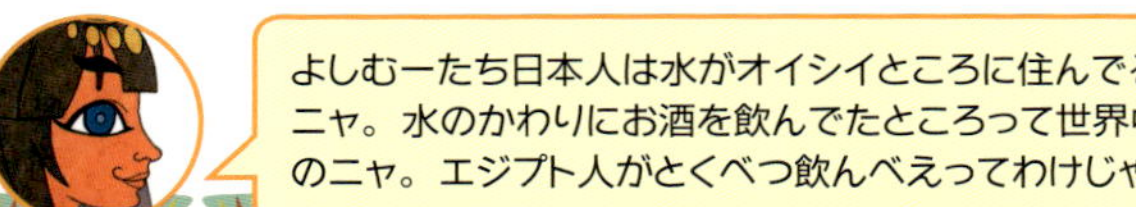

よしむーたち日本人は水がオイシイところに住んでるからピンとこないかニャ。水のかわりにお酒を飲んでたところって世界中あっちこっちにあるのニャ。エジプト人がとくべつ飲んべえってわけじゃないニャ。

illustrated by みつまたうさぎ

肩書だけは立派な奥さん

ラタウイ

神名種別：古代エジプト語　配偶神：モンチュ、ラー

エジプト名：ラタウイ
名前の意味：エジプト全土を照らす太陽

信仰拠点　上エジプト第４ノモス「ウアセト（テーベ）」

最高神にあてがわれた創作の女神

古代から現代に至るまで、一貫して農業国であるエジプトにとって、太陽は非常に重要な存在であり、太陽そのものである太陽神ラーは重要な神である。おそらくそのような事情からだろうが、ラーの配偶神であるこのラタウイは、ラーの妻という立場だけのために意図的に創作された最高位の女神だ。

フランスのルーヴル美術館に収蔵されている、ラタウイの石像。撮影：Rama

ラタウイという名前はラーの女性形で、同じ意味を持つラートタァウイ、ラートとも呼ばれており、別の存在として紹介されることもあるが、同じ女神と考えてよい。この「ラーの女性形」という名前のとおり、彼女はラーと同一の存在だ。ラタウイは少なくとも第5王朝時代（紀元前25世紀）までにはラーの伴侶として割り当てられていたが、その役割は小さく、神話もほとんどなかった。

太陽神ラーの妻であり、さらに「2つの国土のラート、天空の女主、神々の女王」などの、数々の御大層な称号があてがわれているラタウイの役割がなぜ小さいのか。その理由は、この女神が後世の人々によって、ラーの配偶女神として意図的に創作された存在であるためだ。ただ単にラーと同一の存在としての伴侶であるがために、ラタウイの存在は重要視されず、役割は非常に小さくなったのであろう。

とにかく多いラーとの合体

エジプト神話の神々を見ると、ラタウイのように「ラーと同じ存在である」という、ラーと習合合体された神が非常に多い。これはちょうど古代ギリシャ･ローマにおいて、後世の人々が自分たちの信仰する神や精霊の権威を高めるため、最高神ゼウスとの関係がある、という設定を付け加えていったようなものだ。

なるほどー、神様がたくさんの人に信仰されるためには、ブランドイメージが大事なんだね。太陽神ラーさんの奥様になれば、シロガネーゼもみな振り返るってわけだ！

illustrated by れんた

だってウサギの耳はビンカンなんだもん！

ウェネト

神名種別：古代エジプト語　配偶神：ウェネヌ　神聖動物：野ウサギ（雌）

エジプト名：ウェネト
名前の意味：すばやい者

信仰拠点　上エジプト第 15 ノモス「ウェヌ」

ウサギ都市の女神

エジプトの行政区域「ノモス」には、独自の標章（シンボルマーク）が決められていた。上エジプト第 15 ノモスの標章は、聖なる大盾の上にねそべった野ウサギである。これはウェネトという、野ウサギの女神の姿をかたどったものなのだ。女神ウェネトは、上記のような雌の野ウサギか、野ウサギの頭部をもった人間女性の姿で描かれる。彼女の夫はウェネヌという名前で、同じように雄の野ウサギの姿をとる。

もっともエジプト人は、野ウサギそのものを信仰の対象にしていたわけではないようだ。古代ローマ帝国時代のギリシャ人プルタルコスは、エジプト人は野ウサギという生き物に宿っている、「すばやい動き」や「鋭い感覚」などの能力自体に神の力を感じ、このような姿の夫婦の神を作り出したと解説している。

また、古代エジプトでは死者の世界「冥界」に住む神々を描くとき、ウサギの頭を持つ人として描くことがある。これはウサギが地面を掘って巣穴を作る動物であり、古代エジプトにおいて冥界は地下にあると考えられていたことに関連していると思われる。同じように冥界に属する動物としては「蛇」があげられ、ウェネトはしばしばウサギではなく蛇の姿で描かれることがあった。これはウェネトという女神が、冥界に関係する女神であることを示唆している。

標章に隠された遷都の秘密

上エジプト第 15 ノモスの州都、ギリシャ名「ヘルモポリス」は、古代エジプトでは「クムヌ」と呼ばれていた。これを「ウサギの都市」の意味だと解釈する者もいるが、有力なのは「8 の街」という意味で、この街で作られたヘルモポリス神話の創造神 8 柱「オグドアド（➡ p40）」に由来するというものである。

ノモスの標章と州都の名前は一致することが多い。実は上エジプト第 15 ノモスの州都は、古くはこの女神を主神とする「ウェヌ」という街だった。だがヘルモポリスの発展により州都が入れ替わり、ウサギの標章だけが残されたのである。

エジプト第 5 王朝って時代には、ウェネトの名前をとった「ウナス王」ってファラオがピラミッドとか作ってたニャ。
ウサギさんファラオってちょっとかわいくないかニャ？

illustrated by かぼちゃ兎

太陽神謹製キリングマシーン

セクメト

神名種別：古代ギリシャ語　配偶神：プタハ　神聖動物：メスライオン

エジプト名：セヘメト
名前の意味：強力な女性

老いた太陽神の過剰な神罰

神話の時代、多くの神々は肉体を持ち、太陽神ラーは360年に渡ってファラオとして君臨し、世界を繁栄と幸せに導いていた。だが肉体を持つということは、人間と同様に衰えるということでもある。よぼよぼの痴呆老人と成り果てたラーを見て、人間は神への敬意を失ってしまった。これに怒ったラーがみずからの右目をえぐり取り、それに憤怒などの負の怨念を込めて作り出した復讐と破壊の女神、それがセクメトだ。彼女はメスライオンの頭に女性の身体を持つ、エジプト最強の女神である。

ラーから人間を殺す使命を受けたセクメトは、地上の人間を手当たり次第に殺しては、その生き血をすすり続けた。しかし、あまりにも多くの人間を殺したため、ラーは後悔してセクメトを諫める。だが「私は人間を皆殺しにするために作られたのだ」と、セクメトは虐殺を止めず、人間は絶滅寸前まで追い込まれたのだ。

神々はセクメトを止めようとしたが、彼女はあまりにも強く、すべての神々が力を合わせても敵わないほどであった。そこでラーは「生き残った人間とともに血の色に似た真っ赤なビールを大量に作り、それを生き血を好むセクメトに飲ませて酔い潰す」という作戦を取る。この作戦の成功によって、セクメトから人間への憎しみの感情と破壊の力が抜き取られ、人類滅亡の危機は去ったのである。

殺しの神から母性の神へ

セクメトはなおも復讐の神であったのだが、この騒動のあとは母性豊かな優しい女神へと変わり、エジプトを護る守護女神として大いに崇拝されたという。

また、彼女は「ラーの眼」から作られたことから、エジプト神話においてラーの眼に関連する数多くの女神と同じ存在とみなされている。神話によっては「セクメトから荒々しい心を抜き取ると、バステト女神（➡p108）となった」というパターンも存在しており、そこからバステトと、優しい母親としての属性からハトホル（➡p54）とは特に同一視されている。

ちなみに「赤いビール」は実在します。大麦には実が赤いものがあり、それでビールを造ると深く美しい赤色になるのです。もっとも、彼女の飲んだビールが赤大麦製だったかどうかはわかりませんが。

illustrated by 天領寺セナ

季節と一緒に女神もチェンジ
アケト&ペレト&シェムゥ
神名種別：古代エジプト語
アケト
エジプト名：アケト
名前の意味：増水期
信仰拠点 特になし
ペレト
エジプト名：ペレト
名前の意味：播種期
シェムゥ
エジプト名：シェムゥ
名前の意味：暑熱期と収穫期

女神になった3つの季節

日本において季節といえば、春夏秋冬の４種類あるというのが一般的な認識だ。ひるがえって東南アジアなどの熱帯雨林地方では「雨季と乾季」の２つに分かれる。古代エジプトの場合はどちらとも異なり、おおむね３つの季節に分けられる。しかも季節の分かれ目は気温や降水量よりも、「ナイル川の水位」に左右されているのだ。

ナイル川には、１年を通して定期的に水位が増減する性質がある。古代エジプト人は、増水がもたらす水と土を農業に利用していたのだ。つまり古代エジプトにおける季節とは、ナイル川の水位と１年の農業生活を基準としたものなのである。

エジプト人は、水位がもっとも上がる季節を増水期（アケト）、水位が下がって畑に種まきができる季節を播種期（ペレト）、水位が最低になり、作物が実る季節のことを収穫期または暑熱期（シェムゥ）と呼んでいた。この３つの名前は季節の名前であるだけでなく、それぞれの季節を守護する女神の名前だとも考えられていた。

増水期（冬）：アケト

おおいぬ座の一等星で、恒星のなかでもっとも明るく見える青白い星「シリウス」が、夜明けの東の空に姿をあらわす７月ごろになると、ナイル川の水位は徐々に増え、やがて大地を水浸しにする「増水」を引き起こす。これは日本人が想像するような高速の濁流ではなく、もっとおだやかに水位が上昇し、ゆっくりと大地を川の水が飲み込んでいくのである。これが女神アケトが守護する増水の季節である。

この大量の水は、エジプトのはるか南にあるエチオピア高原に降りそそいだ、大量の雨水がナイル川に流れ込んだものだ。そのためエチオピアの森林で地面に落ち分解された落ち葉などの栄養豊富な泥を大量に含んでいる。

４ヶ月の増水期を通して、エジプトの平地に運ばれてきた泥は、天然の肥料土である。また、エジプト人は高度な土木技術により、増水期に流れ込んできた水をため池に蓄え、１年のあいだ農業用水として使えるようにしていたのだ。

増水期はこのようにエジプトの農業にとって大事な準備の時期であるが、農地が水

浸しになっているため農民たちは農業ができない。そこで彼らは忙しいときには作る暇がない自家製の日用品を作ったり、お祭りや宗教儀式を執り行った。小舟を使った人の行き来も盛んになり、遠く離れた街に住む親族と会うこともできた。現代の日本で言うところのお正月が、11 月まで 4ヶ月続くような季節だったと思われる。

エジプトを代表する建造物である、ギザの大スフィンクスと三大ピラミッド。これらピラミッドの建築は専門家によって継続的に行われていたが、増水期の農民に仕事を与えるための公共事業でもあった、という説がある。

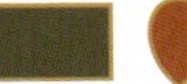

播種期（春～夏）：ペレト

ナイル川の増水が治まり、すっかり水が引くと、農民たちの仕事はじめの時期となる。この季節がペレトであり、暦の上では 11 月から 3 月ごろまでとなる。この 4ヶ月、播種期の女神ペレトが守護する季節は、作物の種まきの季節である。

エチオピアから運ばれてきた栄養たっぷりの泥を耕すと、そこは世界でもっとも豊かな農地となる。雨の降らないエジプトで強い日差しを受けた作物は、すくすくと生長していくのである。

古代エジプトでは、植物の種子が芽吹くということは、一度死んだ植物が生き返る現象だと考えられていた。つまりペレトは死からの再生の女神でもあるのだ。

暑熱期と収穫期（夏～秋）：シェムゥ

種まきが済んでしばらくすると、強い日差しが地面に照り付け、あまりの暑さに大地はどんどん乾燥していく。同時にナイル川の水位もどんどん下がり、多くの水路が干上がってしまう。だが、この時期に強い日差しを浴び、ため池から供給される水を吸い上げて作物はぐんぐん成長し、やがて豊かに実るのだ。この季節が女神シェムゥが守護する暑熱期であり、暦の上では 3 月から 6 月ごろまでとなる。

コム・オンボ神殿に残されている、古代エジプトのカレンダーのレリーフ。季節としてのアケト、ペレト、シェムゥを示すヒエログリフが見られる。撮影：Ad Meskens

シェムゥの季節はあまりの暑さに人々は苦しむものの、おたがいに声を掛け合い、励まし合いながら農作業に勤しんでいたようで、一生懸命に働いては収穫物をサイロ（貯蔵庫）へと運び込んでいたという。そしてすっかり農作物を収穫し終えると、ふたたびアケトの季節がやってきて、ナイル川の増水が農耕地を洗い流し、季節は巡り繰り返されるのだ。

シェムゥ（暑熱期）のエジプト人は大忙しニャ。
だってはやく作物を刈り取らニャいと、せっかく作った麦が増水で流されて、ぜんぶパァになっちゃうからニャ！

illustrated by 遅刻魔

エジプトのアイドルにゃん！

バステト

神名種別：古代エジプト語　配偶神：ラー、プタハ
神聖動物：雌猫、メスライオン

エジプト名：バステト
名前の意味：ブバスティスの女性

信仰拠点　下エジプト第18ノモス「イムティ・ケンティ（ブバスティス）」

猫の姿は母性の象徴

猫の頭を持つ、一般的なバステト像。撮影：Jon Bodsworth

エジプトのことを知らなくとも、人間の身体に猫の頭をした神様の姿、あるいはそれをモデルとしたキャラクターを目にしたことはあるのではないだろうか。エジプト神話のなかでは相当な知名度を誇る存在、それがバステトという女神である。

バステトは先述のとおり、基本的には猫の頭に人間の身体をしており、石像などで表される場合、片手には赤ん坊をあやすガラガラのような楽器「シストルム」を、もう一方にはアイギス（盾）を持っている。特に銅像で表現される場合は、母性を強調するかのように、足元にたくさんの子猫が群がっていることが多い。

活躍する神話のない女神ではあるものの、人間を病気や悪霊から守護する、というところからだろうか、バステトは数多くの人々からの篤い信仰を集めていた、非常に人気の高い女神である。その証拠に、バステトの祀られている神殿は非常に壮麗で、かつ彼女に捧げられる祭りはとても大規模なものであったという。

少しずつ変化した女神の有り様

彼女は人間を病気や悪霊から守護する存在として知られているが、そのような神に変化したのは比較的後の時代になってからだ。初期のバステトの頭は猫ではなくメスライオンのものであり、古代エジプト初期の文献には、バステトは人間に危害を加える女神であるが、同時に子を守る乳母でもある、と記されている。また他の文献にも、バステトは人間に危害を与える、という攻撃性が記されている。バステトが猫頭を持ち、穏やかな性格の母性の象徴となったのは、少なくとも中王国時代以降、比較的新しい時代になってからのことなのだ。

ギリシャ人はニャーのことを、狩りと月が得意な「アルテミス」と同じ神だって信じてたらしいのニャ。
猫は夜にゲンキになるから、月のイメージがあるのニャね。

illustrated by 紗倉シホ

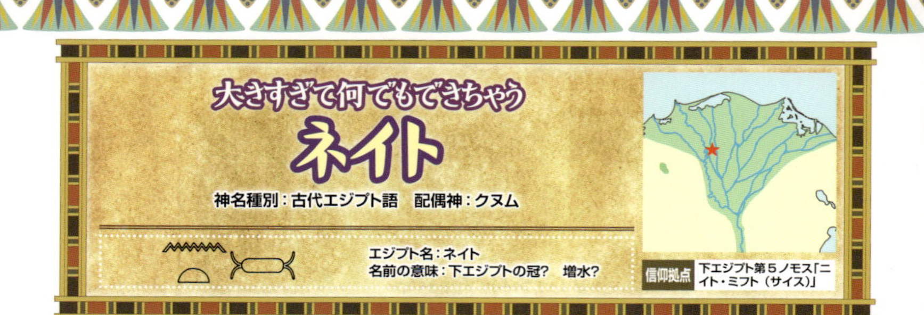

大きすぎて何でもできちゃう

ネイト

神名種別：古代エジプト語　配偶神：クヌム

エジプト名：ネイト
名前の意味：下エジプトの冠？　増水？

信仰拠点　下エジプト第５ノモス「ニイト・ミフト（サイス）」

エジプト文明とともに生きた太古の女神

下エジプトの王冠を被ったネイト像。額部分にはエジプト王権の象徴であるウラエウス（蛇形記章）が付いている。撮影：Rama

ファラオが統治する古代エジプト王朝は、紀元前 30 世紀にはじめてエジプト全土を統一してから何度も興亡を繰り返し、紀元前 3 世紀ごろに他国に征服・支配されたのを最後に、二度と復活することはなかった。ネイトはエジプトが統一された時点ですでに誕生しており、王朝の滅亡まで信仰が衰えなかった、伝統ある女神だ。

ネイトは早い時期から武器と関連付けられており、戦士としての性格を持っていた。そのため数々の能力のなかでも、特に狩猟と戦争の女神として信仰を集めており、戦争の前にはネイトに対して必勝祈願の祈りが捧げられていたという。ネイトは「矢を射る者」であり、戦争になれば戦場へ真っ先につき進み、王のために矢で道を切り開くのだ。その力の強さは神話において太陽神ラーが助言を求めるほどで、さらに同じ神話でラーを脅しつけるという、苛烈な性格も同時に見て取れる。

また、ネイトは葬祭の女神としての性格も強い。ピラミッド内部に描かれた死者に捧げる文書『ピラミッド･テキスト』には、彼女はミイラ化した死者の内臓を収める壺「カノプス壺」を守護する女神の 1 柱だと記されている。

長い信仰は性質を変えた

あまりにも長く崇拝を受けてきたためであろう、ネイトはさまざまなものと関連付けられ、数多くの能力を持っていたことから、後世では女魔法使いともされていた。そして当時の医術は魔術と結び付いており、結果としてネイトは医師を保護する存在ともなったのである。そのためネイトの祀られていた神殿は、医師を育成する専門学校のような機能を有していたという。

ここ 200 年でヒエログリフ解読のための研究はかなり深まりましたが、ネイトの頭の上に描かれているヒエログリフが何を意味する単語なのかはいまだに解明されていません。さて、人間たちはいつごろ正解できますかね？

illustrated by いけだ

イルカではなく魚です

ハトメヒト

神名種別：古代エジプト語　配偶神：バネブジェデト　神聖動物：魚

エジプト名：ハトメヒト
名前の意味：魚たちの一番前に立つ女性

信仰拠点　下エジプト第16ノモス「ハトメヒト（メンデス）」

謎多き魚の女神

ハトメヒトはエジプト神話内では何の活躍も見せていない存在で、あくまでもいち地方で信仰を集めていた、いわばローカルの女神だ。彼女が絵画や彫像で描かれる場合、人間の女性の頭上に魚を戴いた姿で表されている。頭上の魚については、かつてはイルカであるとも考えられていたのだが、現在ではナイル川に生息しているナマズ目の川魚「スキルベ」をあらわしたもので、ハトメヒトはスキルベを擬人化した女神であろう、という意見で一致している。

ただし、ハトメヒトが信仰の対象とされていたのは確かなのだが、どのような役割を担っていたのか、何を守護していたのかについては伝わっていない。なぜなら彼女は早い時代にバネブジェデトという、有力な雄牛の神の祭儀に配偶神として組み込まれ、信仰を変質させてしまっているのだ。

古代エジプト人と魚の関係

古代エジプトにおいて、魚は地位の低い、宗教上において不浄なものと見なされており、王や神官などの高貴な者が食べることや、死者へ捧げる供物とすることが禁じられていた。だが実際のところ、ほとんどの一般庶民は魚を食べていたようで、ナイル川での漁の様子は数多くの絵画や彫刻によって現在に伝わっている。

新王国時代後期に作られた、ハトメヒトの彫像。

エジプトに魚の神が少なく、さらにハトメヒトが神話上で何の役割も持たず、地方で崇拝されるに留まっていた理由としては、エジプトの神話の多くが、神殿やファラオの墓地に書かれたものであることに関連していると思われる。なぜならファラオが信仰しない神は大きな神殿を持たず、それゆえに神話を残す機会が限られたであろうからだ。

魚っていうヒエログリフに描かれてるのは、川に住んでるティラピアっていう魚ニャ！　水があったかければ他の魚を追い出してどんどん増えて食べ放題ニャ！　日本にももっと増やすのはどうかニャ？

illustrated by 皐月メイ

私のことを忘れないでね

ソティス

神名種別：古ラテン語　配偶神：サフ　神聖動物：犬

エジプト名：ソペデト
名前の意味：鋭い者

信仰拠点　下エジプト（詳細不明）

影の薄い豊穣の女神

もとは篤い信仰を集めていたと考えられているが、後世に別の女神と同一視され融合し、存在を忘れられていった。ソティスは重要な存在と関連深すぎたがゆえに、そのような末路を辿った豊穣の女神である。

ナイル川が増水の時期を迎える季節、エジプトの夜明けには、東の水平線に一等星シリウスが現れる。ソティスはそのシリウス星を擬人化し女神とした存在だ。シリウスと同一視されているサティス（➡p94）とよく似ているが、同一視ではなくシリウスという星そのものがソティス、という点が明確な違いである。また図像にも明確な違いがあり、ほとんどの場合は高い冠を被った女性の姿で、頭の上にはおそらくシリウスであろう五芒星が乗っている。

このように、エジプトに豊穣をもたらすナイル川の増水を告げる星の擬人化、という点から、ソティスは豊穣の女神として非常に古い時代から信仰を集めていた。だが冒頭で述べた通り、彼女は新しい時代になるとその姿が見えなくなってしまう。その理由としては、シリウス星がエジプトの星辰信仰においてもっとも重要な存在、という点が挙げられるだろう。シリウスが重要であるからこそ、ほかの重要な大女神とシリウスは関連付けられ、シリウスそのものであるソティスが、それら女神と同一視されて行くのは自然の成り行きと言える。ソティス信仰は時代とともに少しずつ薄れ、最後にはイシス（➡p28）と完全に融合して姿を消してしまっている。

星辰信仰とミイラ作り

ナイル川の増水がはじまる時期にシリウスが現れる、というのは先述した通りだが、エジプトでシリウスが見えなくなる時期は、１年のうち約60日間である。そしてエジプトでは、シリウスが沈んだのち、約60日後にふたたび地上に現れるというサイクルに、死者の復活をなぞらえている。ミイラ作りの大原則となる「死亡から70日で死体のミイラ処理を完了させる」というのは、シリウスの運行に由来するものなのだ。

なげかわしいことに、この「70日ルール」は厳密には守られていませんでした。なかには死後273日たってから埋葬された王妃もいましたからね……ルールには理由があるのですから、きちんと守らなければなりません。

illustrated by 駒鳥うい

高い人気の守護女神

カバの頭にライオンの前脚、ワニの尻尾。ふくれた腹にたれさがった乳房、歯をむき出しにしたしかめ面。タウェレトはこんな恐ろしい姿をした女神だ。しかし彼女は妊婦やお産の守り神であり、エジプトにとどまらず、広い範囲で長いあいだ信仰された偉大な女神なのである。その手には守護を象徴する「サァ」と呼ばれるヘアピン状のシンボルや生命力を象徴する十字型の「アンク」、闇を払い悪いものを遠ざける松明などを持っている。ときにはハトホル（➡p54）のように日輪をはさんだ角をつけていたり、ライオンや雌豚やワニの頭になっていることもある。

タウェレトは紀元前 2700 年ごろの古王国時代から存在を確認される古い女神であり、さまざまな女神と同一視されてきた。そのため守護という基本的な役割は変わらないが、多くの面を持つ女神になっている。ヘリオポリス 9 神の母と呼ばれたり、メスのカバの姿をとることで、オスのカバであるセト（➡p57）の妾とされたり、やはり妊婦とお産の守護神であるベスの妻である、などとされた。

現代まで続いていた信仰

タウェレトはどこから来たのかはわからず、固有の神話も確認されていない。しかし、大変人気の高い神であり、民衆が使用する護符や枕、寝台、などの家具や軟膏壺などにその姿が描かれていた。王家が彼女を信仰していたこともあり、タウェレトと自分を同一視する女王もいた。実際のお産だけでなく、死後の再生や復活での守護も期待され、彼女の護符が墓の中に納められることもあった。

ギリシャ人ファラオ「プトレマイオス」が所有した、タウェレトをかたどったお守り。

タウェレトに関する祭儀には、収穫を願って増水の時期、川に供物を捧げるというものがある。この儀式はナイル川の上流に世界最大級のアスワン・ハイ・ダムが作られて増水が起きなくなった、1965 年まで続いていたという。

タウェレトさんの信仰は、地中海を渡ってギリシャのクレタ島にも渡ってたんだって。姿もエジプトのタウェレトさんそっくり。やっぱり「カバ」のインパクトは強烈かなって……。

illustrated by コバヤシテツヤ

誕生プレゼントはあなたの運命!

メスケネト

神名種別：古代エジプト語　配偶神：シャイ

エジプト名：メスケネト
名前の意味：出産レンガ

信仰拠点　不明

出産をつかさどる女神

メスケネトは、煉瓦に女性の頭部がついた姿で表される。この変わった姿はエジプトの女性が出産で使用する煉瓦からきている。エジプトの女性はこの煉瓦の上に座って出産をする習慣があり、つまりメスケネトは出産の守護女神なのだ。あまりないことだが、この煉瓦を頭にのせた女性の姿をとることもある。また、普通の女性の姿で描かれるときは、頭上に先端がふたつの輪になった直線をいただいている。これは雌牛の子宮をあらわしているという。メスケネトは子供の運命を知る女神でもあり、王の子供にエジプトを統治することや、将来手に入る富のことを教える。

『死者の書』より、中央上に女性の頭部をつけた煉瓦（メスケネト）が描かれている。

出産を担当する一方で、メスケネトは死者の再生の手助けもする。彼女は葬儀の女神であるイシス（➡p28）とネフティス（➡p32）を助け、さらに死者の心臓を天秤で測って審判を下す場面に登場し、死者の性格について証言を与えるという。

神殿より庶民に大事にされる

メスケネトは4人いたともいわれ、それぞれ子供を生む産室の神、産婦が座る床几（椅子）の神、そして産婦がまたがる2枚の煉瓦の神である。彼女たち出産関係の女神は、時には踊り子の姿であらわれ、産室で音楽を奏でて出産を祝福した。

出産と再生という重要な役割を担うにもかかわらず、メスケネトはあまり神殿などに姿をあらわさない。エスナ神殿には、4柱のメスケネトが創造神クヌムと関わりを持つ守護神だとする碑文がある。また、儀礼的な誕生の場面にも登場はするが、それ以外にはほとんど彼女たちを見ないのである。一方、数多くの讃歌や祈祷文が彼女たちに言及している。メスケネトは神殿よりむしろ家庭で崇拝された女神なのだ。

メスケネトの頭上に描かれるのは、牛の子宮ではなく、ヤシの芽や水棲植物だという説もあります。しかし、どちらにしても「誕生」にまつわる女神であることは間違いないようですね。

illustrated by あみみ

古代エジプト文明を支えた紙「パピルス」

古代エジプトの技術は世界イチぃ〜なのニャ！
粘土板とか竹の板なんてオワコンなのにゃ。
薄くて軽い「パピルス」に文字を書くのがエジプトのトレンドニャ！

へぇ〜、たしかに軽くて便利そうだね！
でも今の紙とかと比べると、
硬くってあんまり曲がらない感じ……（パキッ）うわぁ！　折れたー！？

文明の発展には、情報を記録するための媒体が欠かせない。古代エジプトでは壁画や石版のほかに「紙」が使われていた。古代エジプトが誇る植物性の紙、その名前は「パピルス」という。

パピルスとはこの紙の原料になる植物で、日本では「カミガヤツリ」と呼ばれているものだ。古代エジプトの王朝は、パピルス紙を生産するためにこの草を栽培していた。ただしパピルスの製造は以下のような手順で行われ、大変手間が掛かるものである。

パピルスの材料であるカミガヤツリ。別名パピルス草。撮影：Topjabot

やってみよう！　パピルスの作り方

1. カミガヤツリをスライスする

カミガヤツリの茎の上下を切り、茎（くき）の皮を剥いだら、縦に薄く裂いていく。

2. 川の水に漬ける

短冊状にした茎を、川の水に２日ほど漬ける。すると茎の繊維が細菌に分解され、強固に貼り付く粘性を持つようになる。

3. 交互に貼り合わせ、脱水・圧着する

布を敷き、その上へ右画像のように、茎を並べ重ねていく。完成したら、重石を乗せるなどして３日間ほど脱水・圧着する。

4. 乾燥させ、表面を整形

脱水できたら、１週間ほど日陰で乾燥させる。完全に乾いたら表面をヤスリなどで滑らかにし、縁を切りそろえれば完成となる。

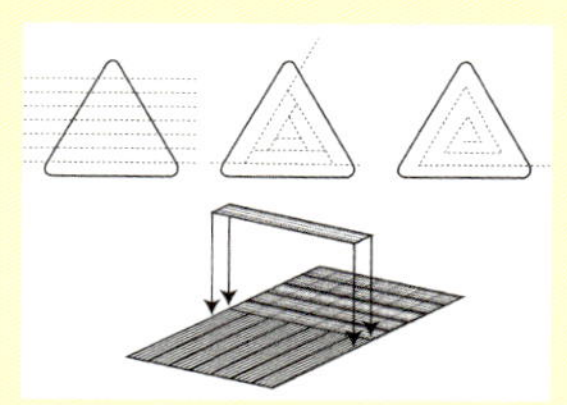

茎の削ぎ方の種類と、茎の貼り合わせ方。三角形の断面を持つパピルスの茎を削いで重ねる。画像作成：Aethralis

繊維を重ね合わせる製法から、このようなパピルス独特の模様が生まれる。

外来の女神
Foregin Goddeses

古代エジプトは、統一王朝ができあがってから滅亡するまで、3000年ものあいだ興亡を繰り返してきました。そのなかでエジプトの人々は、ナイル川の外部からの文化や移住者を受け入れ、外来の神を神々の列に加えています。

外来の神々として特に目立つのは、エジプトと地理的に非常に近く、古来から高度な文明を持っていたメソポタミア、シリアなど中東地方の神々です。この章では中東からエジプトに流入し変質した、3柱の女神を紹介します。

エジプトを守る！　助っ人戦女神

アスタルテ

神名種別：ウガリット語　配偶神：セト

古代エジプト名：アーステルティト
名前の意味：天の女主人

信仰拠点　下エジプト第19ノモス「ピ=ラメセス」

東の異郷カルデアから来た戦女神

アスタルテは中東のシリア・パレスティナ地域の最高女神で、豊穣と戦争の守護者である。エジプトには新王国時代（紀元前16～11世紀）までに伝わり、「天空の女王」などの尊称を持ったままエジプト神話に加わった。

彼女は「女騎手」と呼ばれ、騎馬の姿や、馬車に引かせる戦車に乗った姿が多い。戦車に乗ったエジプト風の姿も多いが、裸馬に全裸で乗り、槍を振り回す野性的な姿もある。まれにライオンの頭をしている場合もある。新王国時代の遺物オストラコン（王墓建設者が残した小さな石灰岩の剥片）には、落書きのようなタッチで、翼を持つ女性のスフィンクスが描かれており、これが当時のアスタルテをあらわしたものではないかと言われている。

伝説によると、当初、アスタルテはセト（➡p57）の妻となり、エジプトにやってきたとされる。彼女は太陽神ラーの娘であり、ホルスとセトの戦いが始まると、セトの同盟者として姿を表した。セトが敗れたとき、アスタルテはセトの子を身ごもっていたが、呪いにより腹の子供は永遠に生まれない運命となった。

別の伝説によると、あるときアスタルテは潮に飲まれてしまい、そこでエジプトの創造神プタハ（➡p50）に救われた。その後、アスタルテはプタハの娘として、エジプト中部の都市メンフィスに住むようになったという。

外来の女神が人気を集めた理由

アスタルテがすんなり受け入れられたのは、彼女が戦いの女神だからだ。

エジプトのアスタルテは戦争と戦闘の女神で、ファラオを守るとされた。第19王朝時代のセティ1世は自らを「モントゥ（戦いの神）とアスタルテに愛された者」と称した。第20王朝のラムセス3世はアナト（➡p124）とアスタルテを自身の「盾」と呼んだ。このころのエジプトの王朝は、北西から侵入してくる外敵に悩まされており、侵略者を撃退するために強い戦神の加護が必要だったのである。

38柱目にしてやっと「馬」に乗る女神の登場です。
実はエジプトではもともと「馬」を常用していませんでした。このあたりの事情は144ページでも紹介しておきますよ。

illustrated by タカツキイチ

常在戦場！ フルアーマー女神サマ
アナト
神名種別：ウガリット語 配偶神：セト
エジプト名：アナト
名前の意味：不明
信仰拠点
下エジプト第 19 ノモス
「ジャネト（タニス）」

ウガリット出身の戦いの女神

アナトは中東のシリア・パレスティナを起源とする愛と戦いの女神で、シリアのウガリット地方で信仰されていたが、中王国時代に戦いの女神としてエジプトに伝わった。

エジプトのシンボルであるアテフ冠をかぶったアナトの像。

アナトは、細身で薄い衣装を身にまとい、盾と槍を持っている。特殊な形状の棍棒や斧を持ち、しばしば、二枚の羽毛をつけた冠をかぶっている。アナトは残虐で好戦的で、手にした斧で敵を殺す戦いの女神で、「戦士のように振る舞う女性」「男として衣をまとい、女として戦いに備える」といった形容詞をつけられた。さらに、アナトは軍馬の守護女神であり、勝利の女神である。だが残虐なイメージをもつ一方で、アナトは癒やしの神でもあり、人々を病気や獣の襲撃から守ってくれるという。

神話によれば、アナトは太陽神ラー（➡p36）の娘となり、セト（➡p57）の妻となった。セトとともに、彼女は兵士に武器の使い方を教えたという。彼女はセトの子を孕んだが、セトの敗北とともに呪いを受け、子を生むことができなくなった。この話は同じく外来の神であるアスタルテ（➡p122）の神話と非常によく似ている。

ファラオ、ラメセス一族のお気に入り

アナトの信仰は中王国時代にエジプトに伝わったあと、騎馬民族ヒクソスがエジプトを侵略して王朝を立てた時代に信仰が盛り上がった。エジプトを征服したヒクソス王のひとりは、彼女の名を取ってアナト・ヘルと名乗っていた。

その後の新王国時代、特にラムセス 2 世というファラオの時代に広く信仰された。ラムセス 2 世の信仰は篤く、王母の像と並べて巨大なアナトの像を作ったり、ふたりの子供や、果てには愛犬にまでアナトにちなんだ名前を与えた。ラムセス 2 世は戦場でアナトが自軍を守ってくれると信じていたのである。

たしか地元でのアナトさんって、ダンナのバアルさんが殺されたせいでプッツンして、天界に乗り込んで暴れ回った神話がありました。
なんだかちょっと、バーサークしたセクメト様に似てない？

illustrated by Aile

エッチで神様を悦ばせよう!

カデシュ

神名種別：ウガリット語　配偶神：ラー、レシェフ　神聖動物：ライオン

エジプト名：ケデシュ
名前の意味：神聖

信仰拠点　上エジプト第５ノモス「ヌツルイ（コプトス）」

ラーの愛人となった神聖娼婦

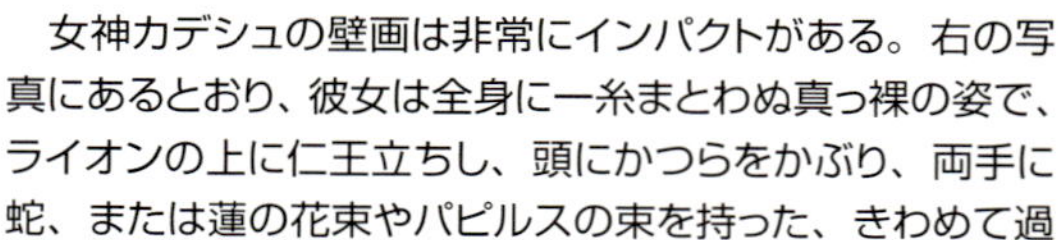

女神カデシュの壁画は非常にインパクトがある。右の写真にあるとおり、彼女は全身に一糸まとわぬ真っ裸の姿で、ライオンの上に仁王立ちし、頭にかつらをかぶり、両手に蛇、または蓮の花束やパピルスの束を持った、きわめて過激な姿で描かれているのだ。

カデシュの姿が描かれた石版。イタリア、トリノ・エジプト博物館蔵。

彼女は紀元前 20 世紀ごろ、エジプト第 12 王朝の時代に、現在のシリアにあたるウガリット地方から流入した女神である。名前の意味は「神聖」だが、これは当時中東地方で盛んに行われていた「聖婚」の儀式を指す。これは神々の結婚を信徒の男性と巫女が再現するというもので、つまり実際に男女の性交渉を行い、それを奉納する儀式なのである。彼女が全裸の姿で描かれるのは、性の儀式の女神だからなのだ。

カデシュが両手に持っている蓮の花束やパピルスの束、蛇などは、みな性的魅力と、性行為によって生まれる実りのシンボルマークである。カデシュは単独で描かれることもあるが、シリア・パレスティナの神レシェフ、エジプトの豊穣神ミンを伴い、3 神として信仰されることが多い。また、上記の聖婚の儀式に関連して、太陽神ラー（➡ p36）や創造神プタハ（➡ p50）の愛人という地位を得ている。

エジプトの壁画様式を打ち破る

古代エジプト美術では、神々や人物が正面を向いた姿で描かれることはまずありえないと言ってよい。12 ページで説明したとおり、人物は基本的に横向きで描かれ、体の寸法などのルールが厳密に定められているからだ。右上の写真のように正面向きで人体を描くのは中東地方の文化である。これらの絵を残したのは、王の墓を作るために中東から来た外国人技術者であり、エジプトのルールにとらわれなかったのだ。

古代エジプトの壁画では、地位の高い人や神様を大きく描いて、わたしみたいに特に重要じゃない人は小さく描くルールがあるんだって。見た目でエラさがわかるってちょっと便利だね。

illustrated by 潤咲まぐろ

「女神になった王妃」アルシノエ2世

いやー素敵な女神サマばっかりだったね〜。あこがれる〜。
私もいつか、書記の女神のセシャト様みたいなノリで「研究者の女神」とか……なーんてね！　無理無理！

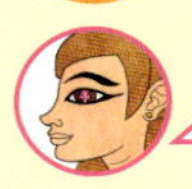

よしむー！　なれるニャン！

えっ、ってテト、なれるわけないって。
ほら、私は人間なんだからさー。

いえ、バステトの言うとおりですよ。
エジプトでは、偉大な業績を残したり、国の後押しを受ければ、人間でも女神になれるのです。このアルシノエはその代表例ですね。

古代エジプトでは、ファラオやその妻、偉大な業績を残した役人などが、死後に神として信仰の対象になることがある。このページで紹介するアルシノエ２世は、政治的な理由で神格化が成されたという、特殊な事情を持つ王妃であり、女神である。

アルシノエ2世の彫像の頭部。フランス、ルーヴル美術館蔵。

彼女は、紀元前 332 年にエジプトを攻略した征服王アレクサンダー大王の部下「プトレマイオス１世」の娘である。プトレマイオス１世はアレクサンダーの死後にエジプト初のギリシャ人ファラオになり、ギリシャ文化とエジプト文化を融合させた独自の統治を行っていた。

アルシノエ２世は権力闘争と陰謀に長け、自身の息子を王とするために謀略で身内を処刑させるなど暗躍していた。やがてクーデター未遂、国外逃亡を経て、新しくファラオとなっていた自分の弟に取り入ると、彼の妻に濡れ衣を着せて離婚させ、弟と結婚して王妃の座に就いたのである。

アルシノエ２世の横顔をかたどった金貨。ニューヨーク、メトロポリタン美術館蔵。

アルシノエ２世は弟に成り代わってすぐれた手腕で国を支配し、さながら彼女自身がファラオのように振る舞った。しかもあやつり人形とされた弟はそれに不満を持たず、アルシノエ２世の死後も彼女の名誉を守り、ついには彼女を女神として崇拝するよう勅令（ちょくれい）を出したのである。

ゼロから楽しむ！ エジプト神話しゃぶり尽くし講座

ふたりとも、お疲れ様でした。
神々の住む地を離れましたから、
もう壁画の姿をとらなくても
問題が無くなりました。
試験の結果ですが……
神々に対する敬意は感じられる、
と判断します。
よしむーさん、
あなたを「マアトを持つ者」と認め、
復活の方法をおしえましょう。

復活だけじゃ満足できない！

しゃぶり尽くそう！ エジプト神話

ニャ〜、ようやくもとのカタチに戻れたニャ。
体がコッチコチニャ〜。

それでは、復活の手順を教えます。
ひとつでもミスすることは許しませんよ。
一字一句きっちり身につけてから復活に臨むといいでしょう。

む〜、マアト様、これで終わりは納得できないよ！
せっかくエジプト神話の世界に来たんだよ？
もっともっとエジプト神話を知るまで帰りたくな〜いっ！

ニャニャッ!?
ちょっと、よしむー止めるニャ！　マアト様凝り性ニャから……。

ふむ……**よいでしょう！**
私も、このような半端なカタチで送り出すのはすっきりしません！
エジプト神話とは何なのか、徹底的に教えようではありませんか!!

やった〜!!
マアト様ありがと！　よろしくおねがいしまーっす！

やったーじゃないニャー！
ニャーもいいかげん地上のキャットフードが恋しいのニャ！
さっさと終わらせて復活するニャー!!

「エジプト神話しゃぶり尽くし講座」は、神や女神単体ではなく、古代エジプトで語り継がれてきた「エジプト神話」とはどんな神話なのかを、簡潔にわかりやすくまとめて紹介するページです。

　エジプトの神話は複雑で膨大な量がありますが、このページを読めば、エジプト神話の全体像を簡単に理解することができるでしょう。

「エジプト神話しゃぶり尽くし講座」はじまり！

注意!! 神話の"ブレ"にご用心!

さて、エジプト神話について語る前に、ひとつ大事な注意があります。常々不愉快に思っているのですが……エジプトでは「正しい神話」を紹介しても、別の面から見ると「正しくない」ということが多々あります。

正しいのに正しくない……?
どゆことニャ??

……ああっ、思い出した!
マアト様が13ページで言ってた「時代や地域ごとに設定が違う」ってやつでしょ!

エジプト神話は、古代エジプトを構成する無数の神話が、それぞれ自分の都市にとって都合のいいようにつくりあげてきた物語の集合体です。

そのため、神々の人物関係や家系図、神話での活躍の仕方が、時代や地域ごとに細かく違っており、「正しい神話」と呼べるものがないという特徴があります。

地域や時代による設定のズレの一例

ヘリオポリス神話では……

ホルスはオシリスとイシスの子

別の神話では……

ホルスはラーの子で、夫婦神とは無関係

エジプトの天空神ホルスは、オシリスとイシスの子であるとする神話と、ラーの子であるとする神話の両方が存在し、「どちらも正しい」のがエジプト神話の特徴です。

「全体像」を重視しよう

このような状況ですから、エジプト神話を語るときは、誰が何を倒したとか、誰の子供が何柱だとか、細かい部分にこだわってもほとんど意味がありません。実に不本意ですが。

ですからこの章では、神話の基本的な構造や、そのような神話が作られた理由などを、特に力を入れて紹介します。エジプト神話の全体像を理解するためには、このようなやり方が一番なのですよ。

もいちど確認！
エジプト神話って何?

さて、まずは「エジプト神話」とは一体何なのか、簡単におさらいしておきましょう。そして「古代エジプト」という世界がどのような場所かを知っておくと、そこに住む人間たちが作った神話の情景がイメージしやすくなります。

古代エジプトの歴史年表

古代エジプトとナイル川流域の変化の様子を年表にまとめました。

紀元前 8000 年　紀元前 7000 年　紀元前 6000 年　紀元前 5000 年

アジアから農業が伝来
ナイル川流域で徐々に農民が増え……。
集落が作られ信仰が生まれる
集落が巨大化し、都市に成長

step1 まずは「エジプト文明」ができた!

エジプト神話ができるより前から、古代エジプトには人間が住み着いていました。ところでよしむー、実は昔のエジプト周辺は「砂漠ではなかった」ということを知っていますか？　古代のサハラ砂漠は、かつては草原だったのです。

いまから約 1 万年前、紀元前 8000 年ごろのサハラ砂漠は、雨の降る豊かな草原地帯でした。ですが紀元前 4000 年ごろから地球の温暖化が始まり、サハラは草原から砂漠に変わっていきます。サハラの草原で牧畜を営んでいた人々は、川の水を利用できるナイル川流域に続々と移住し、先住者から農業を学んで定住。しだいに文明を発展させていきます。

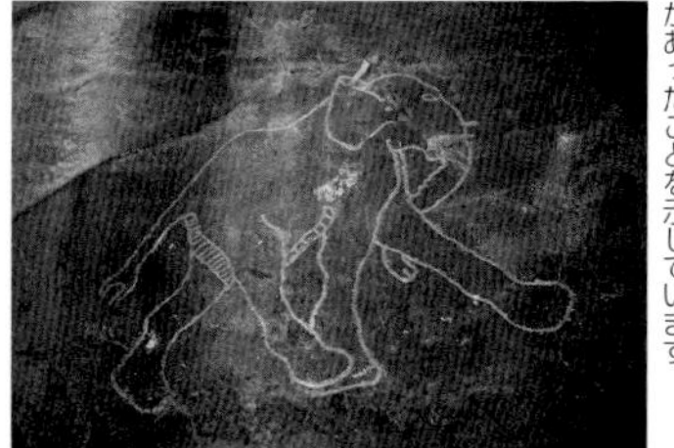

エジプトの西の隣国リビアの砂漠にある洞窟で、数千年前に描かれたゾウの壁画。多くの水を必要とするゾウの壁画は、かつて洞窟周辺に水場があったことを示しています。

神と宗教が生まれ、神話ができた!

ナイル川の豊かな恵みは、ひとつの家族に、自分たちが食べる量より多くの農作物を与えました。そのため古代エジプトには、食料生産に参加しない、技術者や支配階級が生まれます。

彼らは技術を発展させ、文字や宗教を生み出しました。そして宗教の一部として、世界のしくみを神々と関連づけて説明する「神話」が生まれ、おもに知識階級や支配階級のあいだで広まりました。

このころのエジプトの
人たちは、都市ごとに
バラバラの神様を
信仰してたんだって！

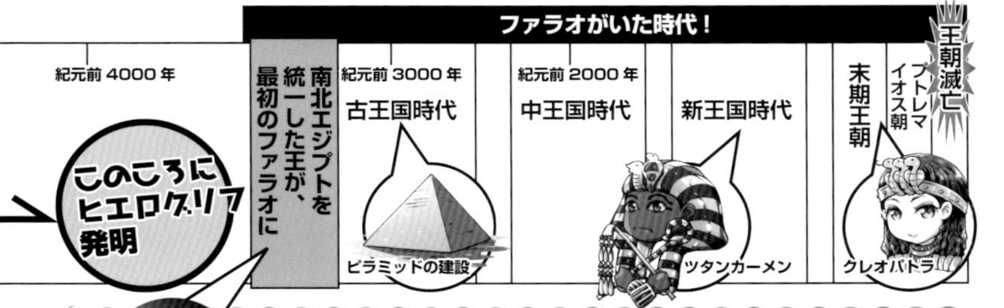

step3 神話は3000年のあいだ変わり続けた

古代エジプト人は地域ごとに別々の王に仕えていましたが、紀元前 3150 年ごろ、上エジプトのメンフィス周辺を支配する王が、はじめて上下エジプトを統一し、エジプトはファラオの国になりました。エジプトの王朝は 3000 年間で 30 回以上代替わりし、そのたびに神話は変化し続けました。

step3 「プトレマイオス朝」の滅亡で、神話は崩壊

古代エジプトは、時に分裂し、時に統一しという流れを繰り返しながら、3000 年ものあいだファラオの王国として存続し続けました。しかしエジプトを征服したギリシャ人ファラオによる「プトレマイオス朝」の滅亡とともにファラオによる統治は終わり、エジプト古来の宗教と神話もしだいに廃（すた）れてしまいました。

くわしく教えて!

エジプト神話はどこに書いてあるの?

エジプト神話の物語や設定は、さまざまな形で書き残されています。
そのなかから代表的な４つを紹介しましょう。
データ欄にある「時代」は、133 ページの年表に準拠しています。

原典紹介その① ピラミッド・テキスト

時代：古王国期／中王国期
形状：壁画／棺の装飾

古王国時代のピラミッドには、王の遺体を安置している場所があります。そこにはファラオの葬儀がどのように行われたか、これからファラオがどのように復活するのかが壁画とヒエログリフで説明されています。

時代が進み中王国期には、これらの文章は壁ではなく、遺体をおさめる棺に書かれました。

代表例

- ウナス王のピラミッド（第５王朝のファラオ）
- ペピ２世のピラミッド（第６王朝のファラオ）
- クヌムホテプの棺（第 12 王朝の官僚）

ウナス王のピラミッドの内部。壁一面にピラミッド・テキストが書き込まれています。

原典紹介その② 神殿壁画

時代：中王国期
形状：壁画

死からの再生に関わる神話だけが書かれているピラミッド・テキストと異なり、神殿の壁画には、あらゆるジャンルの神話がびっしりと描かれています。

具体的には、世界の成り立ち、ナイル川の洪水が起きる理由などの創世神話や、神々の争いを題材にした神話などがよく見られます。

代表例

- ルクソール神殿（上エジプト）
- カルナック神殿（下エジプト）
- フィラエ神殿（上エジプト）

ルクソール神殿の柱に彫られた宗教画。アメン＝ラー神に供物を捧げるファラオと、それにまつわる神話が彫られている。

みなさんにひとつだけ言っておきたいことがあります。神話を軽視する者には罰があたりますよ。よしむーさん、この石版を見てみなさい。

なんだろこれ、でっかい穴と大きな溝が彫られてるけど……あれ？　よく見るとヒエログリフがびっしり書いてある……マアト様、まさかこれ……!?

そうです。この「シャバカ石」は、プタハ神の貴重な神話が書かれているのに、あろうことか「石臼」として使うために削られたのです！　許せません！

大英博物館所蔵のシャバカ石。幅137cmの巨大な石版にはメンフィス神話の基礎となる神話が刻まれていた。

原典紹介その③　パピルス、陶片、石碑

時代：新王国期
形状：巻物、陶器片、石碑

かつて墓地の壁面や棺に書かれた葬祭文書は、新王国期には、パピルスという紙に書かれ、遺体と一緒に棺に納められました。これを『死者の書』といいます。

パピルスは高価かつ劣化しやすいため、安価な陶器の欠片、保存性が高い石版も筆記に使われました。これらのなかには神話が書かれたものもあります。

代表例

- **死者の書（パピルス）**
- **神話「シヌへの物語」の陶片メモ**
- **礼拝石碑（ステラ）（神の姿を描いた奉納石版）**

供物を受け取るオシリス神を描いた『死者の書』のパピルス。大英博物館蔵。

原典紹介その④　ギリシャ・ラテン語文献

時代：プトレマイオス朝期
形状：巻物、書籍など

エジプトがギリシャ人に支配されていた「プトレマイオス朝」時代のエジプトには、欧州の学者が続々と押し寄せていました。そのなかにはエジプトの神話をギリシャ語やラテン語で書き残した学者がいました。読み方が失われていたヒエログリフが19世紀に解読されるまで、これらの文献はエジプト神話を知る唯一の資料でした。

代表例

- **『歴史』（著：ヘロドトス）**
- **『オシリス神話』（著：プルタルコス）**
- **『エジプト神イシスとオシリスの伝説』（著：プルタルコス）**

ΗΡΟΔΟΤΟΥ

ΙΣΤΟΡΙΩΝ Α

Ἡροδότου Ἁλικαρνησσέος ἱστορίης ἀπόδεξις ἥδε, ὡς μήτε
τὰ γενόμενα ἐξ ἀνθρώπων τῷ χρόνῳ ἐξίτηλα γένηται, μήτε
ἔργα μεγάλα τε καὶ θωμαστά, τὰ μὲν Ἕλλησι, τὰ δὲ βαρβά-
ροισι ἀποδεχθέντα, ἀκλεᾶ γένηται, τά τε ἄλλα καὶ δι' ἣν
5 αἰτίην ἐπολέμησαν ἀλλήλοισι.
Περσέων μέν νυν οἱ λόγιοι Φοίνικας αἰτίους φασὶ 1
γενέσθαι τῆς διαφορῆς· τούτους γὰρ ἀπὸ τῆς Ἐρυθρῆς
καλεομένης θαλάσσης ἀπικομένους ἐπὶ τήνδε τὴν θάλασσαν
καὶ οἰκήσαντας τοῦτον τὸν χῶρον τὸν καὶ νῦν οἰκέουσι,
10 αὐτίκα ναυτιλίῃσι μακρῇσι ἐπιθέσθαι, ἀπαγινέοντας δὲ φορτία
Αἰγύπτιά τε καὶ Ἀσσύρια τῇ τε ἄλλῃ [χώρῃ] ἐσαπικνέεσθαι
καὶ δὴ καὶ ἐς Ἄργος. τὸ δὲ Ἄργος τοῦτον τὸν χρόνον 2
προεῖχε ἅπασι τῶν ἐν τῇ νῦν Ἑλλάδι καλεομένῃ χώρῃ.
ἀπικομένους δὲ τοὺς Φοίνικας ἐς δὴ τὸ Ἄργος τοῦτο διατί-
15 θεσθαι τὸν φόρτον. πέμπτῃ δὲ ἢ ἕκτῃ ἡμέρῃ ἀπ' ἧς ἀπίκοντο, 3
ἐξεμπολημένων σφι σχεδὸν πάντων, ἐλθεῖν ἐπὶ τὴν θάλασσαν
γυναῖκας ἄλλας τε πολλὰς καὶ δὴ καὶ τοῦ βασιλέος θυγατέρα·
τὸ δέ οἱ οὔνομα εἶναι, κατὰ τὠυτὸ τὸ καὶ Ἕλληνες λέγουσι,
Ἰοῦν τὴν Ἰνάχου. ταύτας στάσας κατὰ πρύμνην τῆς νεὸς 4
20 ὠνέεσθαι τῶν φορτίων τῶν σφι ἦν θυμὸς μάλιστα, καὶ τοὺς

1908年に出版されたヘロドトスの『歴史』。ギリシャ語で書かれています。

エジプト神話の全体像はこれでわかる！

古代エジプト 4つの神話

よしむーよしむー！
「エジプトの神話はバラバラ」だって、どっかでマアトが言ってたニャ！
バラバラのお話を聞いても意味ないんじゃないかニャ？

え～、そうかなあ？
むしろ神話がバラバラなら、バラバラな神話をぜんぶ聞いてみたいけど。

テトの言うことにも一理あります。神話を知ってもらうつもりが、間違い探しになってしまっては意味がありません。
少々やり方を考えることにしましょう。

どうすれば"エジプト神話"がわかるの？

エジプトの神話は、地域や時代ごとに違いが大きく、ほかの神話にあるような、ひとつにまとめられた「正しい神話」が存在しません。そのため個別の神話を紹介するよりも、人々がその神話を通じて伝えたかったことや、神話の設定が生まれた理由などを知ったほうが、エジプト神話の全体像を理解できます。

古代エジプト人の宗教観は、おおまかに４つの神話で説明することができます。本書ではエジプトの４つの神話の骨子と、神話が作られた背景を解説します。

そうですね、演劇にたとえるなら……。
「舞台と役者と、劇の題材」は同じでも、「脚本と演出」が違えば、劇の中身が変わるようなものです。

なるほど～！
つまりこれから、エジプト神話の「舞台と役者と、劇の題材」を教えてくれるんですね～！

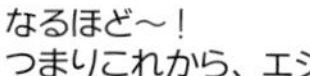

エジプト神話の中核となる4つの神話

エジプト神話で語られている題材は、おおむねここにあげる４種類です。
この４つがどのような神話なのかをわかっていれば、
エジプト神話の世界観をイメージすることができるでしょう。

中核神話その1 創世神話

➔p138

世界そのものや、人間、動物などの万物ができた経緯を説明する神話です。古代エジプトでは都市ごとに別々の神話を持っていたと思われますが、代表的なものは４つに絞られます。

中核神話その2 太陽神話

➔p140

エジプト人が万物のなかでもっとも偉大だと考えていたのは、太陽でした。太陽神話とは、太陽が朝に空へ昇り、夜に沈むのはなぜなのかを説明する、世界の仕組みを説明する神話です。

中核神話その3 洪水神話

➔p144

農業大国だったエジプトの豊かな大地は、ナイル川が毎年決まった時期に水量を増やす「増水」という現象に支えられていました。エジプト人は、増水は神が授けた恵みだと考えていました。

中核神話その4 復活神話

➔p148

エジプト人は、死者が生前の姿のままこの世に復活することを信じていました。復活神話では、魂の仕組みや冥界の様子などを紹介し、死者がどのように復活するのかを説明しています。

うわ〜、どの神話もすっごいおもしろそうだよ〜！
ほらほら、テトもせっかくだから聞いていかないと損だよ？
マアト様、よろしくお願いしま〜っす！

4つの中核神話　その①

創世神話

関係する女神　テフヌト（➡p22）、ヌト（➡p24）、ネベトヘテペト（➡p34）、オグドアドの4女神（➡p40）、ムト（➡p46）

まず最初に、古代エジプトの世界が作られた経緯を説明する、創世神話から見ていきましょう。

疑問その① 世界はどこから生まれたの？

エジプトの創世神話にはいくつも種類がありますが、「神話の一番最初」で語られる情景だけはほぼ共通しています。
世界を形作る要素は、「ヌン」と呼ばれる"原初の海"から生まれるのです。

エジプトに複数存在する創世神話のほとんどは、世界の一番はじめには、

原初の海「ヌン」

だけが存在していたと説明しています。「原初の海」とは世界中の神話で見られる概念で、世界には無限に広がる海以外、何もなかったことを示しています。

この「原初の海」から、その創世神話において太陽やほかの神々を作ったとされる「創造神」が生まれてくるというのが、エジプトの創世神話の基本パターンです。

また、大地を男神ゲブ、天空を女神ヌト（➡p24）と呼び、この2神を夫婦とすることが多いのも共通点です。

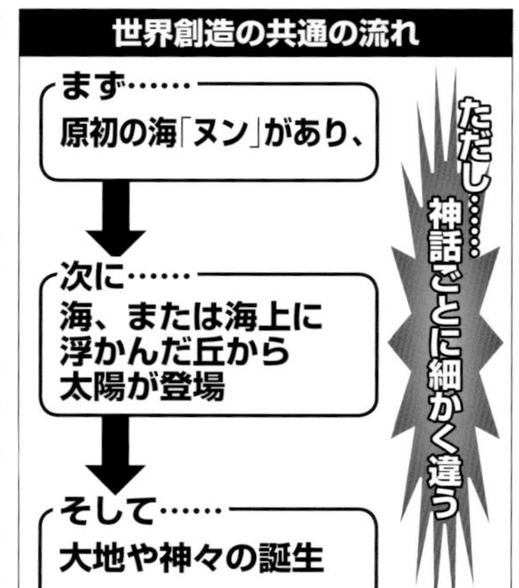

世界創造の共通の流れ
まず……
原初の海「ヌン」があり、
次に……
海、または海上に浮かんだ丘から太陽が登場
そして……
大地や神々の誕生
ただし……神話ごとに細かく違う

「ヌン」から生まれた創造神さんは神話ごとにバラバラなのに、「大地の男神ゲブと天空女神ヌトの夫婦」っていう構図はどこでも同じなのはおもしろいね！
ゲブさんとヌトさんって、もしかしてかなり古株の神様なのかな？

神話ごとの世界創造のちがい

さて、ヌンから生まれた創造神が世界を作る、というのが、エジプトの創世神話に見られる「基本の骨組み」です。
ここにつけ加えた肉付けの違いが、神話の特徴となるのです。

ヘリオポリス神話（➡p20）では……

原初の海から最初に生まれた創造神アトゥム＝ラーは、太陽そのものです。つまり太陽神が世界を作ったというのがヘリオポリスの神話です。

ヘルモポリス神話（➡p38）では……

原初の海のなかから丘が浮上し、そこに創造神が作りだした太陽が浮上しました。太陽は作られたものであり、最高神ではありません。

メンフィス神話（➡p50）では……

メンフィス神話では例外的に、原初の海よりも先に創造神プタハ（➡p50）が生まれ、プタハが言葉の力によって原初の海を作っています。

疑問その②　人間はどうやって生まれたの？

太陽とか世界がどうやってできたのかはわかったニャ。
じゃあ、よしむーたち人間はどんなふうに生まれたニャン？

エジプトの創世神話において、太陽が原初の海から生まれたという設定は多くの神話で共通しています。ですが人間が生まれた経緯は、神話ごとにまちまちです。

人類創造の神話のうち、代表的なものは右にあげた３種類があります。かなりの違いがありますが、どの神話の説を採る場合でも、人間が神によって作られた存在だということは共通しています。

各神話での人類創造

神話	人類創造
ヘリオポリス神話 ヘルモポリス神話	太陽神の流した涙が人間に変わったとされています。
メンフィス神話	創造神プタハの言葉の力で人間がつくられました。
エレファンティネの神話	工芸神クヌム（➡p146）が、粘土で作った種族です。

どの神話も、神話のなかで特に偉い神様が人間を作ったことになってるね。
「人間を作ったのは我々の神だ！」「いや、我々の神だ！」
権力争いのニオイを感じちゃうな〜？

4つの中核神話　その②

太陽神話

関係する女神　ヌト（➡p24）、イシス（➡p28）、オグドアドの４女神（➡p40）、ハトホル（➡p54）

エジプト人は、あらゆるもののなかで太陽がもっとも偉大だと考えていました。彼らにとって太陽は何なのか、どんな仕組みで動くと信じられていたのかを紹介しましょう。

太陽神話を知るポイント①

太陽＝ファラオの守護神

人間は夜目が利かない生物です。夜は、周囲が見えず、夜行性の獣に付け狙われる、人類にとって恐怖の時間でした。そのためたいていの人類は、世界に光をもたらし、夜の闇を払ってくれる太陽に敬意を抱いています。

古代エジプトではさらに、全エジプトの王であるファラオが「太陽神の化身」を名乗るなど、太陽神を王権の守護神に祭りあげ、国家の最高神に定めてもっとも重視していました。

太陽神アテンへの信仰を描いた壁画。太陽光線の先端に手が描かれ、捧げられる供物を受け取っています。

複数存在した太陽神

エジプトの太陽神といえばラー（➡p36）が有名ですが、太陽神はほかにも複数いました。また朝日、夕日、昼の太陽は、別の神だと考えることもありました。

エジプトの代表的な太陽神

ラー：ヘリオポリスの太陽神。知名度が高い。
ケプリ：昆虫「フンコロガシ」の姿を持つ朝日の神。
アメン：アンモナイトの語源となった太陽神。
アテン：夕日の神だったが、のちに唯一神となった。
ホルス：その目が月と太陽だとされる天空神。

ニャニャ!?
太陽の神ってこんなにいっぱいいたかニャ!?

エジプトで太陽が最高神になった特殊事情

それにしても不思議だな〜。
エジプトで一番偉い神様が、よりによって太陽の神様だなんて。

そうかニャ？　よしむーだって日本では太陽の神様にお祈りしてたニャ。
アマテラスさまとか言ってたニャ？

うん、日本みたいに寒いところで太陽神が偉いのは普通なんだけど、赤道直下の熱いとこだと、暑さで人を殺しちゃうから、あんまり尊敬されてないんだ。例えばバビロニアのネルガル様とか、太陽と疫病の神だしね。

たしかにそのような傾向はありますね。
実はエジプトにおいて太陽神が絶対的な地位を持っているのは、人間たちによる歴史的な事件が原因になっているのです。

初のエジプト統一に貢献した太陽信者

エジプト考古学の定説では、紀元前3100年ごろ、エジプト南部「上エジプト」を支配していたナルメル王が下エジプトを侵略し、歴史上はじめて上下エジプトを統一してファラオとなりました。

神話学者ヴェロニカ・イオンズの説によると、この統一戦争において、太陽神ラーを信奉する神官団が、ナルメル王に協力して大きな手柄をあげ、その褒美として王家による太陽神ラー信仰が大々的に行われたのが、ラーがファラオの信仰神になった原因ではないかといいます。

ナルメル王の姿が描かれた化粧用の板。初代ファラオであるナルメル王が敵を打ち殺している場面が描かれ、王の武勇を称賛している。カイロ・エジプト博物館蔵。

上下エジプト統一王の後ろ盾として権威が固定化

上エジプトと下エジプトは、地理的に遠く離れ、文化的にも大きく違う「外国」と呼んだほうが適切な関係でした。その上下エジプトを統一して統治するには、ただ「強くて賢い王」であるだけでは不十分です。

３つの王朝が滅亡し、４つめの王朝が生まれたのち、第４王朝のファラオ「ジェドエフラー」は、ファラオとは太陽神の息子である、という設定を広め、自分自身をただの王よりも上位の存在に位置づけることで統治の正当化をはかりました。この政策が大成功したため、それ以降のファラオも、自分は太陽神の息子だと名乗るようになったのです。

太陽神話を知るポイント②

どうして太陽は朝昇り夜沈むの？

あなたも知ってのとおり、太陽は朝になると東の空から昇り、天空を横切って夕方に西の空へ沈みます。毎日繰り返される太陽の動きについても、太陽神話で説明されていますよ。

太陽は船に乗って、空と地下を巡る

太陽が昇る朝の時間。太陽神ラーは、昆虫フンコロガシの姿をした、若き朝日の神「ケプリ」に姿を変え、東の果てにある山の陰で、破壊神セトや書記神トトとともに昼の船「マアンジェト」に乗り込みます（①）。太陽は昼の神「ラー」に変化して天の川を西に航海し（②）、西の果てで年老いた夕日の神「アトゥム」に変化します。昼の船が西の山陰の大地に着くと、老いたアトゥムは死亡し、死せる太陽の神「アウフ=ラー」となります。（③）

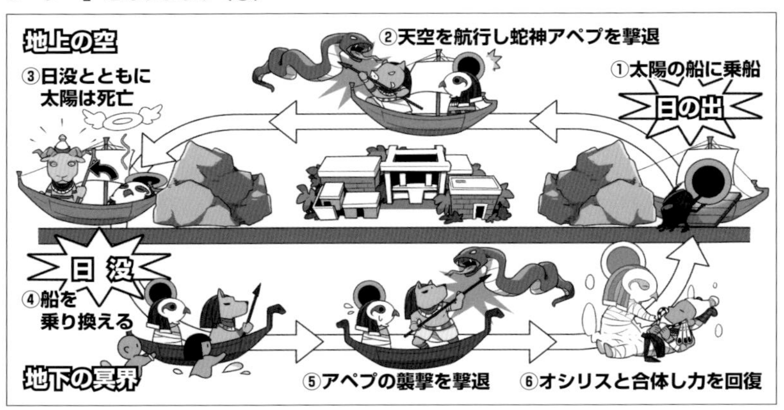

夜になると、死せる太陽神「アウフ=ラー」は冥界「ドゥアト」を巡り、復活の旅に出ます。まずアウフ=ラーは、狼の頭を持つ神ウプアウトの先導で、昼の船から夜の船「メスケテト」に乗り換え（④）、神々や精霊に船を牽かれてドゥアトの大河を進んでいきます（⑤）。ドゥアトでは冥界と復活の神オシリスの遺体が待っていて、アウフ=ラーはオシリスの遺体と一体化して力を取り戻します（⑥）。そして冥界から東の山陰に浮上し、若き朝日の神「ケプリ」として死からの復活を果たすのです（①）。

邪悪な蛇神が太陽の船を狙っている!

太陽神ラーを乗せた「太陽の船」は、いつも西の山に住む怪物に狙われています（左下図の②と⑤）。それは邪悪な大蛇の神「アペプ」です。アペプは創世神話で語られる「原初の海」から生まれた怪物で、闇の属性を持っています。世界を光で照らすラーにとって、まさに天敵なのです。

アペプは昼も夜も太陽の船の前にあらわれ、船を丸ごと飲み込もうとします。船に同乗している戦神セト（➡p50）や狼神ウプアウトは、アペプと闘って殺すのが役目なのです。

無事にアペプが倒されれば太陽の船は正常に運航しますが、神々が劣勢だと空は曇って雨が降ります。また、太陽が月の陰に隠れる現象「日蝕」は、太陽の船がアペプに飲み込まれた結果起きると考えられていました。

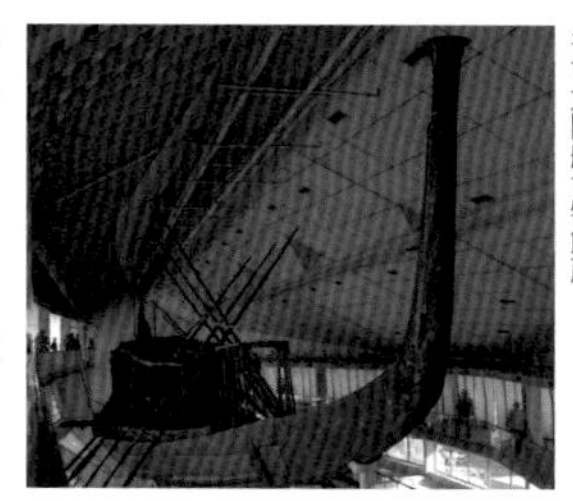

「クフ王のピラミッド」から発掘された、4500年前の「太陽の船」。ギザ太陽船博物館蔵。

エジプトの紙パピルスに描かれた、太陽の船に乗ってアペプを突き殺す戦神セト。カイロ・エジプト博物館蔵。

セトさんかっこいいニャー！
蛇ハンターニャ！

うーん、なんかびっくりだなー。
28ページでイシス様の話を聞いたときは、オシリス様を殺してホルス様の邪魔をする悪いヤツ、ってイメージだったけど。

イシスさんの神話はオシリスさんの信者が作ったものですからね。
オシリスさんのライバルであるセトさんのことを悪く書いているのです。
実際にはセトさんも、多くの信者を抱えていた有力な神なのですよ。

「女神ヌトが太陽を産む」神話もある

ここまでの太陽神話は、あくまで基本的なものです。太陽神話のバリエーションには、太陽が船で天空を運航するのではなく「天空神ヌト（➡p24）に飲み込まれて死に、ヌトの女性器から産まれなおす」とするものもあります。左の神話では日の出で太陽が復活しますが、ヌトさんの神話で太陽が復活するのは日没です。関係性が逆になっていますね。

4つの中核神話　その③

洪水神話

関係する女神　アンケト（➡p92）、サティス（➡p94）、アケト＆ペレト＆シェムゥ（➡p104）、ソティス（➡p114）

エジプト神話は、とにかく「ナイル川」にこだわります。それは、古代エジプト人にとって、ナイル川は文字通り、命をつなぐ"生命線"だったからです。

どこの神話でも川は大事だけど、
とにかくナイル川だけにこだわるっていうのはめずらしいよねー。
なんでそんなにナイル川全振りなんだろ？

ナイルの洪水神話⑪ エジプトの雨の神は農業と無関係

農耕民族の神話では、多くの場合、嵐や雷の神が、農業の守護神を兼ねています。これは農業に必須の資源である「水」が、嵐とともにもたらされることが多いからです。

ですがエジプトは、基本的に雨も降らなければ雷も起きない地域です。そのためエジプトには、雨や雷の神がほとんど存在しません。雨とは天空の女神ヌトが流した涙で、非常にまれな現象と考えられていました。

ギリシャの雷神ゼウスと、中東カナン地方の雷神バアル。どちらも農業を守護する主神ですが、エジプトにはこのような主要な雷神は存在しません。

それじゃ、なんの神様が農業の神様ニャン？

エジプトで農業の神といえば、
まずは大地の神であるゲブさんやオシリスさん。
そして何より、ナイル川に洪水をもたらす神なのです。

ナイルの洪水神話②

豊かな実りは"増水"のおかげ

ナイル川流域は豊かな農地でした。それは、ナイル川の水位が右下のようなサイクルで毎年１回、大規模に上昇し、流域を水浸しにするからです。これは大量の水がすべてを押し流す「洪水」ではなく、おだやかに水の量が増えていくため「増水」と呼ばれます。

②播種期（ペレト）

ナイル川の水位が下がる11月、農民は泥に覆われた農地を耕して、麦や野菜などの種子を播きます。

①増水期（アケト）

ナイル川の増水は毎年７月ごろから始まり、４ヶ月続きます。このあいだ、農地は水浸しになって農業ができないので、民衆は漁や狩りを行ったり、高台の住居で休暇を過ごします。

③収穫期（シェムゥ）

５月になると農作物が急速に成熟し、収穫の季節となります。次の増水で作物が水浸しになる前に収穫します。

収穫量、中東の4倍！ ここがすごいよ！ エジプト農業

①水がたっぷり！

増水期に大量に流れ込んだ水をため池などに溜め、１年を通して作物に水を供給できます。

②肥料もたっぷり

増水時の水は、農地に、ナイル川の上流から栄養分たっぷりの泥を運び、農地を豊かにします。

③連作障害なし！

同じ農地で同じ作物を繰り返し育てると、栄養の偏りや土壌の毒素で収穫が減ります。ですがナイルでは、増水のたびに土壌が入れ替わるので、同じ農地を毎年使えます。

ナイルの洪水神話③

ナイル川の増水は神の恵み

エジプトに豊かな実りを与えるナイル川の増水を、古代エジプト人は「神の恵み」だと考えていました。

もっとも有名な増水の神は、エジプト最南端、ナイル川の中流にあるエレファンティネ（現代名アスワン）の守護神、クヌム神です。クヌム神の神話によれば、ナイル川の水源は（実際には違うのですが）エレファンティネにあり、結界で封じられています。クヌム神は増水の時期が来ると、弓矢で結界を破り、増水をもたらすのです。

古代エジプト人の考えたナイル川の増水の仕組み

水だ〜！
水源の
結界解除や！
本当の源流
エレファンティネ神殿
※ 水は南にも
流れていくという設定
地中海
エジプト
ヌビア

エジプト第４王朝、スネフェルという王の時代に、７年にわたって増水量が減ったため食糧危機が起こりました。クヌム神に多くの貢ぎ物をしたところ水位が戻ったので、ファラオはクヌム神に感謝し、息子に「クフ」という名前をつけました。

おおおおお！　知ってますよクフ王！　143 ページに写真が載ってた「太陽の船」が見つかったピラミッドの持ち主です〜！
……ふむふむ、クフって「クヌム神に守られた者」って意味だったんですね〜。

ナイルはエジプトの「高速道路」だった

エジプトで「乗り物」といえば、砂漠を進むラクダの行列をイメージするのではないでしょうか？　ですが、エジプトにラクダが入ってきたのは西暦０年ごろ。古代エジプト王朝が滅亡する寸前で、それまでラクダはいませんでした。

古代エジプト人の乗り物は「船」がメインです。エジプトの都市はすべてナイル川の流域にあるので、どこに行くにも船がもっとも速く、便利なのです。ナイル川は農業だけでなく、交通的にも「生命線」だったのです。

雨のないエジプトで、川の水量が増えるわけ

エジプトの今の首都、カイロの降水量って、年間たったの 26.7mm なんだって。
東京の 1/50 以下だよ、ほとんど降らないんだね〜。

ナイル川がなかったらあっというまに干し猫になっちゃうニャー。
……ニャ!?　そういえばおかしいニャ。
なんで雨も降んないのにナイルが増水するニャ!?

バステトの疑問はもっともです。もちろん、146 ページで紹介したように、本当にエレファンティネから水が湧き出しているわけではありません。ナイル川の水は、砂漠のない、はるか南から来たものなのです。

ナイル川の水は、サハラ砂漠の外からやってくる

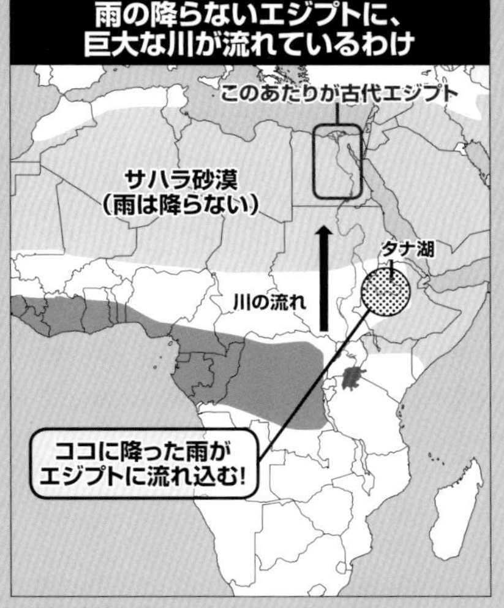
雨の降らないエジプトに、
巨大な川が流れているわけ
このあたりが古代エジプト
サハラ砂漠
（雨は降らない）
タナ湖
川の流れ
ココに降った雨が
エジプトに流れ込む！

ナイル川は、カラカラに乾燥して雨の降らないサハラ砂漠を南北に貫く大河です。そのためナイル川を流れる水は、サハラ砂漠の外から流れ込んでいます。エジプトの南南東に進むこと約 2000km、標高 2000m のエチオピア高原に「タナ湖」という湖があります。実はここは、ナイル川に流れ込む支流のひとつ「青ナイル川」の源流なのです。

タナ湖一帯は、6 月から 9 月にかけて雨期となっており、月平均 296mm、東京の台風シーズンなみの大雨が降り続けます。この大雨が 1 ヶ月かけてアフリカ大陸を縦断し、エジプトに流れ込むことで、増水現象が引き起こされるのです。

今から 5000 年以上前、クヌム信仰が確立する前の古代エジプト人は、ナイル川の上流のことをよく知りませんでした。そのため当時の古代エジプト人は、ナイル川の水は雨水ではなく、神からの贈り物と考えたのだと思われます。

うわぁ〜、スケールでっか〜い！
2000km って、たしか北海道から博多までの距離とおんなじだよ。
そんなに長く川の水が流れてくるなんて、ロマンを感じちゃうな〜♪

4つの中核神話　その④

復活神話

関係する女神　インプト&ケベフウェト（➡p74）、アメンテト（➡p76）、メレトセゲル（➡p78）、マアト（➡p80）、アメミト（➡p84）、ヘメウセト（➡p86）

最後に説明するのは、人間の死後の世界を説明する「復活神話」です。よしむーさんを現世に復活させるときに使う理論といってもよいでしょう。

え～、復活ですかー？
神様の世界に来たばっかりなのに、まだ早すぎるんじゃないかな？
っていうかむしろ、もっとエジプト神話を楽しみたいっていうか……。

ニャー！　よしむー正気に戻るニャ！
もう現代のご飯が恋しいのニャ！
このさいトップブリーダーが推奨するやつじゃなくても我慢するニャ！

……はぁ。長年死者の裁きを担当してきましたが、こんな死者は初めてですよ。
しかし、死者が冥界にとどまり続けるなど、正義に反しています。
よしむーさんには断固として復活してもらいます！

最終目的地　死後の楽園「葦の野（セケト・イアル）」を目指そう！

エジプト神話では、死者は死後の世界である冥界「ドゥアト」の中に位置し、冥界神オシリスの管理する、「葦の野」または「供物の野」という楽園に迎えられることになっています。ですが、すべての死者が無条件に楽園入りできるわけではありません。死者が楽園に入るためには、いくつもの障害を乗り越える必要があります。

死者の書（➡p154）に描かれた、葦の野での暮らしを説明した絵。葦の野は細かい水路の中にある島のような場所です。

って、ダメにゃマアト様！
楽園に連れてったら地上に帰れないニャ！
よしむーは楽園じゃなくて現世で復活するのニャ！

おっと、そうでした。私としたことが、ついいつものクセで楽園行き前提で話してしまいました。……ですが、現世への転生でもやることは変わりません。
復活の障害となることを説明していきましょう。

4つの障害を突破せよ!

死亡して冥界に向かった死者の魂は、ふたたびよみがえるためにいくつもの障害を乗り越えなければなりません。
失敗したら大変なことになります、しっかり指示のとおり動くのです。

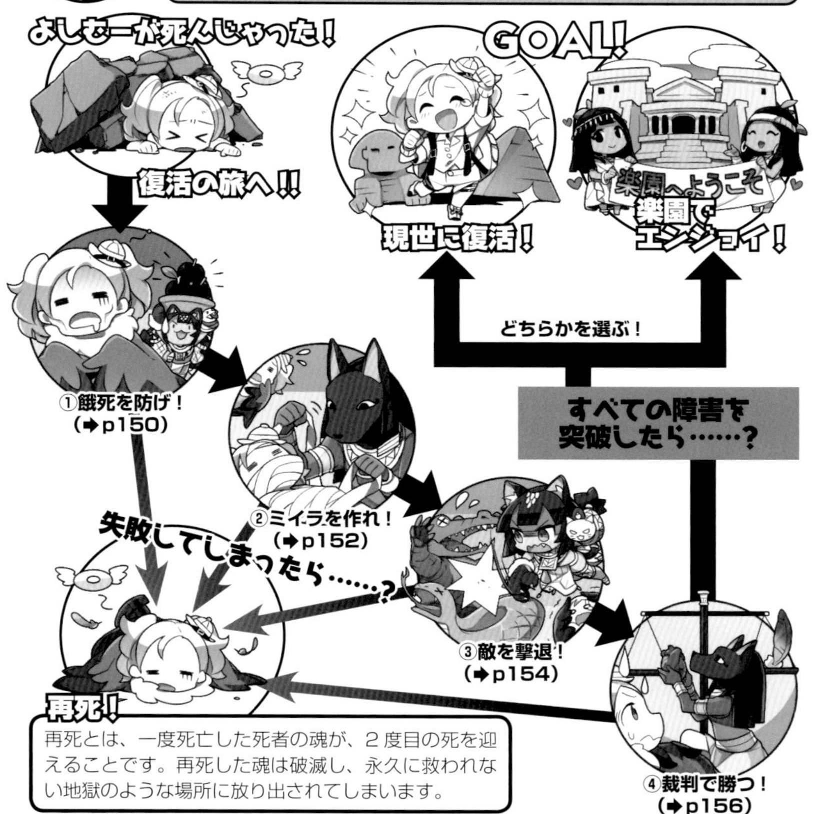

よしむーが死んじゃった!
復活の旅へ!!
①餓死を防げ!
(➡p150)
②ミイラを作れ!
(➡p152)
③敵を撃退!
(➡p154)
④裁判で勝つ!
(➡p156)
失敗してしまったら……?
再死!
すべての障害を
突破したら……?
どちらかを選ぶ!
GOAL!
現世に復活!
楽園へようこそ
楽園で
エンジョイ!

再死とは、一度死亡した死者の魂が、2度目の死を迎えることです。再死した魂は破滅し、永久に救われない地獄のような場所に放り出されてしまいます。

って、大変どころの騒ぎじゃないよ~!!
永遠に地獄暮らしなんて絶対にイヤですからね!

Stage1!

魂のエネルギーを充填しよう!

うー、緊張するなあ。まず、飢え死にしないようにしなきゃいけないんだよね。死んじゃったのに飢え死にするって不思議な感じ……。
あれ？　マアト様、この左上にある、すごろくみたいのは何です？

復活への４つの障害をいくつ突破したかを、「セネト」というゲーム風に表示してみました。よしむーさんの国では「すごろく」と呼ぶのですか。

STEP1

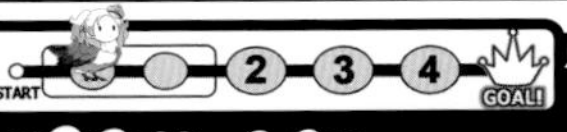

まずは"魂"の材料を確認しよう!

古代エジプトの人々は、人間の魂は５つの要素でできていると考えていました。その５つの要素を表示したのが右にある解説図です。

このなかで特に重要なのが、西洋や日本にはない概念である「バー」と「カー」です。死後にすべての障害を突破した死者のバーとカーは、合体して「アク」という最終形態に進化します。そのためにはバーに十分な供物を与える必要があります。

①バー
個性や意識のこと。鳥の体と人間の頭を持ち、自在に動く。

②カー
人間の魂のうち、精神的エネルギーが独立したもの。

③レン（名前）
生者が故人の名前を話すかぎり、死者は生き続けるとされた。

④イブ（心臓）
感情や思考は、脳ではなく心臓で行われると考えられていた。

⑤シュト（影）
影は人間と不可分であり、必要不可欠だと考えられていた。

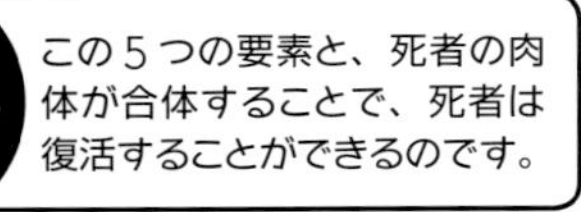

この５つの要素と、死者の肉体が合体することで、死者は復活することができるのです。

STEP2!

START 2 3 4 GOAL!

"お供え"でエネルギーを補給しよう!

死亡した人間の魂のうち、「バー」のみが冥界を旅して、楽園を目指すのですが……
「バー」は肉体を持って生きていますので、動けば空腹になります。

私も今は「バー」になってるから、
食べないとおなかペコペコで倒れちゃうってことだよね。
あれ、でもどこで食べ物をもらえるの？

お供えしてもらうニャ！
お供えがなくなったら飢え死にだニャ！

人間が死亡すると、魂を構成する５要素のうち「バー」だけが体から離れ、死後の世界で暮らす許可を得るため、冥界「ドゥアト」へと旅立ちます。

エジプト人は、魂は不可視の霊体ではなく、実体を持つ生命体だと考えていました。そのためバーが活動するには、人間と同じように食事から栄養を取る必要があります。

そのため死者の遺族は、遺体の近くにとどまっている「カー」に食物、または食物の絵を供えることで、死者に「食物の持つエネルギー」を供給するのです。

“バー”の食事のとり方

① “カー” に供物を捧げる

② 供物の “栄養” をバーに送る

飢え死にはイヤ～っ!!
テト、お供え忘れないでよ!?　忘れたら一生ご飯抜きだから！

「バー」と「カー」は、生命の死と復活について話すうえで、もっとも大事な要素と言えます。これ以降の解説でも何度も出てくる名前ですから、しっかり覚えておくのですよ。

次のステージへ GO!

START 1 3 4 GOAL!

Stage2! ミイラを作ろう！

それでは、落盤で潰れてしまったよしむーさんの遺体をミイラにして保存しましょう。
ミイラ作りの専門家、アヌビスを連れてきましたよ。

どーも、アヌビスッス。
遺体の修復と保存はまかせてほしいッス。
どんなに痛んでる遺体でも生前の姿に戻してみせるッスよ。

痛んでる……ってレベルかなあ？
改めてみるとグロすぎてちょっと引くんだけど……。

よしむー！　大丈夫ニャ！
アヌビス様はプロ中のプロなのニャ！　きっとうまくやってくれるニャ！

STEP1 どうしてミイラを作るの？

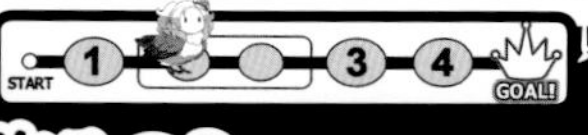

古代エジプト人は、死後の世界で生きるためには肉体が必要だと信じていました。そのため、死後も肉体を保存しなければなりません。

エジプトは雨がほとんど降らないので、遺体を砂漠に埋めておけば、遺体の水分が抜けて保存可能になります。ですが人口が増えるにつれて、自然乾燥にまかせた遺体保存には無理が出るようになりました。そこで外科手術と化学薬品を併用する、工業的なミイラ製造法が編み出されたというわけです。

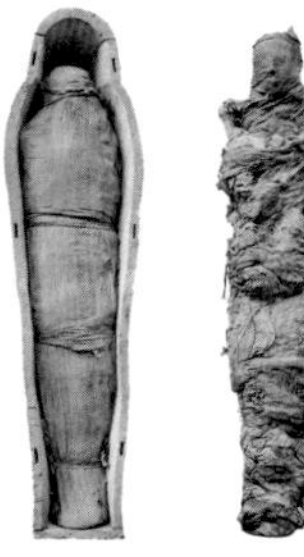

エジプト第19王朝のファラオ、セティ2世の棺とミイラ。ミイラの製造の技術がもっとも発展した新王国時代に作られた、完成度の高いもの。

特に大事なのは、心臓を保護することッスね。心臓は人間の意志が宿る超・重要器官ッスから。逆に頭に詰まってる脳みそとかは、これ単なる「鼻水を作るのが役目の臓器」なんで、なくなっても復活に支障はないッス。

STEP2! 実際にミイラを製造しよう！

ミイラ製造のご注文、ありがとうございます。コースはご予算にあわせて３コースありますが、どうされますか？　一番高い松コースでは遺体を完璧に保存してラグジュアリーな死後を保証するッス。竹、梅コースは無駄を省いてお手頃な価格で……。

松!!　松でお願いしますっ!!

ミイラの製造工程

ミイラの製造工程
↓
内臓の摘出と脱水処理
↓
脳の排出
↓
肉体の脱水処理
↓
全身にタールを塗り包帯を巻く
↓
“開口の儀”を行う
↓
ミイラ完成！

ミイラ作りの目的は、遺体を本来の姿で保存することです。まずは水分が多くて腐りやすい内臓を取り出して脱水処理を行います。脳は腐らせて液体として排出したり、鼻の奥の軟骨を壊して掻き出します。空洞には亜麻の繊維を詰めて型くずれを防ぎました。

全身を薬品に漬けて脱水したら、皮膚に防腐剤であるタールを塗ってから、包帯を巻いて形を保ちます。最後に「開口の儀」という儀式を行い、死者の口を使用可能にしたら、ミイラ作りの作業は完了です。

腹の中から取り出した内臓は、脱水したあと、この「カノプス壺」に入れて遺体の近くに置きます。ただし内臓のなかでも「心臓」だけは、脱水処理後体内に戻されました。これは、心臓は魂の一部であり、人間の意志が宿る場所だからです。

ほかにもこんな作り方があります

上の手順は、132ページの年表でいう「新王国」時代に完成した、王族や貴族用の最高品質のミイラ製造法です。全身の脱水には「ナトロン」という天然の化学薬品を使い、丁寧に詰め物をして作った結果、現在でも生前に近い姿を保っています。

ですが一般市民のミイラにはここまでお金と手間をかけられませんから、ナトロンではなく安価な塩で脱水したり、手間が掛かる内臓摘出をしないなど、作業が簡略化されています。なかにはただ天日干ししただけのミイラもあり、体が縮んで干物のようになってしまっています。

よしむーさんは一番高いコースを選んで正解でしたね。

次のステージへ GO!

START 1 2 3 4 GOAL!

Stage3!

“死者の書”を手に入れよう!

よしむーさんの体がきれいなミイラになったところで、次はこれを渡しましょう。
これは通称「死者の書」、正式には「日下出現の書」といって、死者の魂が死後の世界で使う「魔法の呪文」が100種類以上書かれている呪文集なのですよ。

STEP1

楽園行きの障害を突破する「冥界攻略本」

「死者の書」とは、パピルスというエジプト独特の紙に書かれた呪文集の総称です。149ページで紹介した「冥界の旅」の障害を突破するために役立つ呪文や、冥界の地図、裁判のノウハウなどが書かれており、ミイラに加工した遺体ひとつに1冊ずつ持たされます。

第19王朝の神官アニの墓から発見された『死者の書』、通称『アニのパピルス』の一部。書かれているのは151番目の呪文で、ミイラ化した死者とその守護神について説明されている。

大丈夫！ オシリス印の攻略本だニャ！
これさえ持ってれば冥界も怖くないニャ！
でもミスして死んだら二度と復活できないニャ。

こちらもご予算にあわせて、松、竹、梅とありますがどれにされます？
松はフルカラー解説イラスト付きで全呪文フルコンプ、竹と梅は１色書きで重要な呪文を抜粋したお手頃価格の商品ですが……。

だから、松!! 松以外ありえないって～!!

もともとは墓や棺に書かれていた

『死者の書』のほとんどは、132ページの年表で言う「新王国時代」に書かれたものです。それ以前にも死後の世界で使うための呪文はあったのですが、古王国時代は墓の壁面、中王国時代は棺に呪文が刻まれていました。新王国時代になると復活信仰が王族だけでなく民衆にも広まったので、呪文はより手軽なパピルスに書かれるようになったらしいですね。

STEP2!

START 1 2 4 GOAL!

“死者の書”はこんなときに使おう!

『死者の書』に書かれる呪文は、最大で200種類弱です。このなかから数十点～百数十点の呪文が選ばれるのですが、その内訳は『死者の書』ごとにまちまちです。それぞれの呪文の目的は、おおまかに以下の4種類に分かれます。

4つに分類した“死者の書”の呪文

ミイラ作りと埋葬

人間が死亡してから、遺体をミイラにして保存し、冥界へ向かう旅の準備を整えるための呪文集です。

152ページで紹介したミイラ作りの作業と儀式のあいだ、ミイラ職人たちは、ここに書かれている呪文を何度も唱え、儀式を行いながら作業を進めます。

冥界での活動支援

遺体と墓地から離れて単独で旅するバーにとって、冥界は決して快適な場所ではありません。

バーは生前と同じように呼吸し、水を飲み、(カーを介して)食べ物を食べる必要があり、そのためには死者の書にある呪文の助けが必要なのです。

危険な敵の撃退

冥界に旅立ったバーは、蛇、ワニ、虫などの危険な生物に狙われており、生物の種類ごとにそれを撃退するための呪文が用意されています。

また、現世に残してきた遺体が、墓地への動物の侵入、水の侵入などで損壊することを防ぐための呪文も重要です。

裁判と楽園生活の支援

死者の冥界行きの目的は、冥界神オシリスの裁判(➡p156)に合格し、永遠に楽園で暮らす(➡p158)ことです。

そのため、裁判で神々の追求をかわして無罪を勝ち取るための呪文や、失敗をフォローする呪文、楽園生活を支援する呪文が多数用意されています。

『死者の書』には無数の呪文が収録されていますが、呪文の最終的な目的はただひとつ、149ページで説明した、完全な死「再死」を防ぐことです。「自分」という存在が世界から消えてしまうことを、古代エジプトの人間たちは何よりも恐れたのです。

なるほどね～。でも、どこの国でも宗教って「死後の世界」とか「輪廻転生」だとかがつきものだよね。結局、どこでもどの時代でも、「死んだらどうなっちゃうのか」が怖くて仕方ないんだよ、人間って。

遺体を保存し、旅の準備を整えたら、いよいよ冥界の奥地に向かいます。冥界神オシリス様の審判を受けて、現世への復活と楽園暮らしの許可を手に入れるのです。

次のステージへ GO!

START 1 2 3 4 GOAL!

Stage4! オシリスの審判を切り抜けよう!

オシリス様の宮殿に到着しました。いよいよ死者の魂を裁く審判が始まりますよ。
ここからはいよいよ私、真理の神マアトの出番です。

オシリス様の審判では、死者が生前に清く正しく過ごしていたか、神々に敬意を払っているかを調べ、死者が楽園に入る資格があるかどうかを調べます。
……ちなみに資格のない死者は、怪物に食べられて永遠に滅ぶことになります。

うひぃ……お手柔らかにお願いします。

いいえ、お手柔らかに、などしません！
キッチリと裁きの役目を果たしますから、合格できるようしっかり準備するのですよ。

がんばるニャーよしむー。
骨はひろってあげるニャ〜。

オシリスの審判の手順

オシリスの審判は、冥界ドゥアトにあるオシリス宮殿内部に位置する、「ふたつの正義の間」という部屋で行われます。

この審判ではオシリスやその妻イシスをはじめ、エジプト神話に登場する主要な神々が勢ぞろいして裁判官をつとめます。神々は、死者の生前の行いを調べ、その者が楽園入りの資格を有するかを確かめます。

わたしが
見きわめます!

オシリスの宮殿に着いたら……?

↓

①神々の門をくぐる

↓

②罪の否定告白

↓

③マアトの審判

悪人なら……　→ **肉体消滅！**

善人なら……　→ **楽園入国許可！**

①神々が守る門をくぐる

オシリス様の宮殿には複数の門があり、神々が門番を務めています。死者はこの門を順番にくぐって法廷に向かいますが、門を通るためには、門番を務める神々の名前や二つ名を正確に唱えなければなりません。神々への敬意を持たない不届き者は、文字通り「門前払い」されるのです。

②自分を弁護し潔白を主張

門を通過できたら、次は裁判が行われる「ふたつの正義の間」に行ってください。ここはオシリス神を裁判長に、42 柱の神々を陪審員とする法廷です。まず最初に「生前の自分が、罪を犯していない善人であった」ことを自己弁護するのですよ。これを「罪の否定告白」と呼びます。

③死者の心臓で罪を計る

最後に「罪の否定告白」が正しかったかどうかを調べます。天秤の片方に死者の心臓、もう片方に私マアトの羽を置き、「罪の否定告白」が正しければ天秤はつりあいます。嘘をついていれば天秤は傾きますので、嘘つきの魂は二度と復活できないように、84 ページで紹介したアメミトさんに食べてもらいますよ。

80 ページでも紹介しましたが、私のマアトという名前は、古代エジプトの言葉で「真理」という意味です。死者が世界の真理に従って生きた者か、真理に逆らって生きた者かを見きわめるのが、わたくし、マアトの役目なのです。

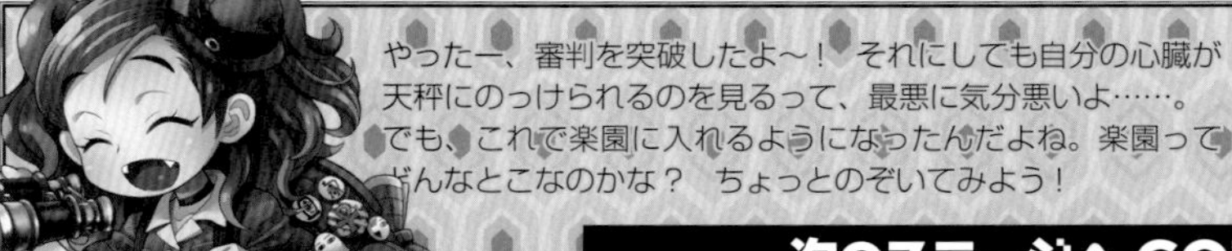

やったー、審判を突破したよ〜！　それにしても自分の心臓が天秤にのっけられるのを見るって、最悪に気分悪いよ……。でも、これで楽園に入れるようになったんだよね。楽園ってどんなとこなのかな？　ちょっとのぞいてみよう！

次のステージへ GO!

Goal!

ようこそ、死者の楽園へ！

やってきました「イアルの野」！　これがエジプト神話の楽園なんだね～。
……あれ、でもなんだか、古代エジプトの地上世界とあんまり変わりがないような気がする？　マアト様、どういうこと？

楽園は現世以上の豊かな地

オシリス神の審判に合格した死者は、船に乗って楽園「イアルの野」に到着します。そこは地上よりも大きな作物が実る豊かな世界で、死者はここで第二の人生を送るのです。

楽園「イアルの野」での暮らしを描いた『死者の書』のパピルス。

楽園生活の注意点

生きるためには労働が必要

死者の楽園生活では、生きる糧を得るために農作業などの労働が必要です。ただし、作物は豊かなエジプトの農地よりもさらに大きく豊かに実り、死者は何不自由なく生きることができます。

副葬品を持ち込める

墓に物品を埋葬すると、死者は楽園でその物品を使うことができます。物品は実物にかぎらず、絵や像でも本物同様に使えます。例えば「ウシャブティ」という人形は、召使いとして働きます。

“イアルの野”以外の復活神話

古代エジプトの長い歴史のなかで、死者の審判をオシリスが行うようになったのは、紀元前 16 世紀、第 18 王朝以降の時代です。

死者のための呪文が棺や墓の壁面に描かれていた第 17 王朝以前のエジプトでは、死者を裁くのは太陽神ラーの役目でした。太陽神ラーを主役とする復活神話では、死者は楽園ではなく、142 ページで紹介した「太陽の船」に乗船してラーと合体し、死と再生を永遠に繰り返すとされています。

……って、のんびりしてる場合じゃないニャ！
楽園でぼーっとしてないで、とっとと現世に復活するのニャ！
テトにゃんのキャットフードが待ってるのニャ！

えーっ、せっかく自分の体を切り刻まれるグロシーンが終わったのに。
まあ、いつまでもココにいるわけにもいかないし、いいか。
マアト様、どうすれば現世に復活できますか？

うーん、もっと教えたいことがたくさんあるのですが……。
仕方ありません、転生や復活の方法を教えるとしましょう。
もっとも、現世に復活する方法にもいろいろあるのですけれどね。

ゲーム感覚の転生体験

エジプトの『死者の書』のひとつ「アニのパピルス」に描かれた変身と転生の呪文。右からプタハ神、セベク神(ワニの神)、蛇に変身する呪文である。

楽園「イアルの野」に迎え入れられた死者にとって、現世への転生は娯楽のようなものです。生前に『死者の書』に転生の呪文を入れておけば、死者はいつでも好きなときに、人間以外のなにかに変身して現世に出現することができました。

変身の対象は、ツバメやハヤブサ、蛇、ワニなどの動物のほか、蓮の花などの植物、さらには神の一部として溶け込むこともできたと言います。

人間として転生するには？

ここまでのページで説明してきた復活神話は、左のページでも説明したとおり、紀元前 16 世紀、第 18 王朝以降に広まったものですが、この時代には死者は現世に復活するわけではなく、冥界で復活して永遠に幸せに暮らすという設定になっていました。

第 17 王朝以前までは、死者はいずれ地上で復活すると考えられていましたが、古代エジプトの 1000 年を越える歴史のなかで誰も復活してこなかったことから、この考えは廃れました。そして無理のない新しい復活神話が広まったと考えられています。

……というわけで、現世に転生するためには、第 17 王朝以前のやり方で復活しなければなりませんね、ついつい最近のやり方で儀式をしてしまいました。

えーっ、あんなに怖い思いしたのにやり直し～!?
そりゃないよ～!!

色々あったけど、無事復活できそうでよかったよかった～。
あ、マアト様、復活はちょっと待ってくださいね！
せっかくエジプト神話の世界に来たんだから、昔から気になってたことを聞いておかないと、死んでも死にきれないよ～！

……死にきれないって、これでもかってくらい死んでるニャン。

よしむーさんは学生なのですから、学習する意欲があるのはよいことです。
結構ですよ、聞きたいことがあれば、なんでもお聞きなさい。
規約上許される範囲で、キッチリ回答しましょう。

Q.ピラミッドって、いったい何なんですか？

A.初期のファラオが作った、巨大石造建築です。

もっとも有名な「ギザのピラミッド群」の風景。四角錐のピラミッドと階段状のピラミッドが見える。

スネフェル王の屈折ピラミッド。全体の中ほどから斜面の角度が変わっているのが特徴。

ピラミッドは、古代エジプトの王であるファラオが造った巨大石造建築です。三角錐の形をした姿が有名ですが、左にあるように斜面が階段状になっているもの、途中で斜面の角度が変わり、なだらかになっているものもあります。

古代エジプト王朝には3000年の歴史がありますが、ピラミッドが盛んに造られた時期は、紀元前27世紀のジェセル王の時代から230年間、紀元前20世紀のアメンエムハト王からの240年間、紀元前8世紀以降など短く、ピラミッドがほとんど造られない時期のほうが長かったといえます。

Q.「ピラミッド」ってどういう意味ですか？

A.……人間たちの呼び方などわかりませんよ。

ピラミッドという言葉は英語（pyramids）です。これはギリシャ語「ピラミス（pyramis）」を英語に翻訳したものですが、ヒエログリフではピラミッドを「メル」と呼びます。まったく発音の違う「ピラミス」が、どんな由来で生まれた言葉なのかはわかっていません。

小麦と砂糖で作られた焼き菓子「ピラミス」の一例。潰れた涙滴型の形は、横から見るとたしかにピラミッドに見えなくもない。

もっとも有名な説は、かつてエジプトを征服したギリシャ人がピラミッドを見て、形が似ているギリシャのお菓子「ピラミス」の名前で呼んだというものですが、確実な証拠はありません。また、古代エジプトの数学文献に書かれていた「ペルエムウス」と読めるヒエログリフが語源だという説もあります。

Q.ピラミッドの中ってどうなってるんですか～？

A.通路や空洞があって、ファラオのミイラが眠っています。

ピラミッドの構造は1個1個違いますが、内部構造は少なく、網の目のように複雑な通路や部屋があるものはほとんどない、ということは共通しています。

たいていのピラミッドには、内部に入るための通路が隠されています。その通路はピラミッドの地下、あるいはピラミッドの内部にある小さな部屋につながっており、そこにはファラオ、またはファラオの妃の遺体がミイラ化したものが安置されています。

ただしこのようなシンプルな構造は、あくまで一般的な例です。代表的なピラミッドのひとつ「クフ王のピラミッド」では、ピラミッド内部に用途不明の縦長の空間「大回廊」があるほか、蛇行した通路の先に未確認の部屋が残っていることが判明しています。

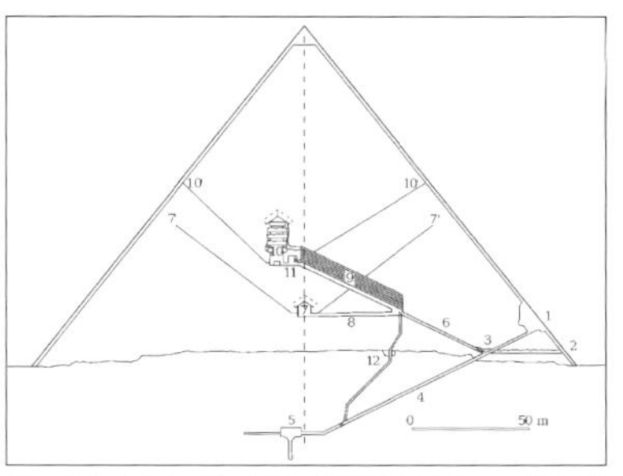

クフ王のピラミッドである「ギザの大ピラミッド」の内部構造概要。内部構造がもっとも複雑な部類に入るピラミッドである。

ピラミッドの最上部には、このような「キャップストーン（冠石）」が、黄金でメッキされた状態で置かれる。これは女神ムト（➡p46）の神話などに登場する、太陽がはじめて昇った丘「ベンベン」を模したものである。

Q. なんであんなに大きいピラミッドを作ったのかな？

A. それが、よくわかっていないのです。

ピラミッドの多くは王の遺体を納めた玄室を持つため、ピラミッドが王の墓、あるいはその一部であることは明らかです。しかし、ピラミッドは大きいものなら高さ100m を超え、ただの墓だと考えるには大きすぎと言えなくもありません。そのためエジプト考古学の世界では、あのように巨大なピラミッドを作った「真の目的」が議論されつづけています。

- **象徴的意味**……ファラオの業績と権威を、巨大な墓で表現するため。
- **呪術的意味**……ファラオを死から復活させるための呪術的な仕組みであるとする説。
- **信仰的意味**……ベンベンを模した冠石（➡p161）に見られるように、四角錐は太陽光を模したもので、太陽への信仰を示したものだという説。

Q. ぶっちゃけ、ピラミッドってちょっと汚くないですか？

A. ……昔は白く光ってキレイだったのですよ。

エジプト三大ピラミッドのひとつ「カフラー王のピラミッド」の頂上付近には、建設当時に積み上げられた、表面化粧用の石灰石がわずかに残されています。

現在では荒い石積みだけが残っているエジプトのピラミッドですが、本来ピラミッドの表面は、外国から輸入した真っ白な石灰石をなめらかに加工した美しいものでした。

ですが長い年月のなかで、美しい石灰石の化粧は建材用に盗まれ、今では一部のピラミッドをのぞいて、骨組みが外気に晒されてしまっているのが現状です。

Q. ピラミッドって奴隷が作ったんですか？

A. いいえ、そういう証拠はありませんね。

かつてピラミッドは、ギリシャ人歴史学者ヘロドトスの記述をもとに、「10 万人の奴隷の強制労働によって作られた」と想像されていました。ですが遺跡の発掘調査が進み、ピラミッド建設にたずさわっている労働者の宿舎の遺跡や、労働者による落書きなどが発見されました。それによるとピラミッド建設に携わった労働者は数千人程度で、きちんと給料をもらって働く自由民でした。彼らのなかには、敬愛するファラオがいつか復活できるよう、喜んで仕事にあたった者も多かったことでしょう。

Q. ピラミッドといえば「スフィンクス」ってなんです？

A. ……はあ。あれもギリシャ人が勝手につけた名前です。

実は「スフィンクス」というのは、エジプト古来の言葉ではありません。その源流は古代ギリシャにあります。

古代ギリシャの神話伝承には、ライオンの体の首の部分から、人間女性の上半身が生え、さらに腕のかわりに鳥の翼が生えているという怪物が登場します。これが「スピンクス」という怪物です。

エジプトを征服したギリシャ人は、エジプトの地に、ライオンの胴体から人間の頭や羊の頭を生やした彫像が数多くあるのを見て、これらの彫像のことも「スピンクス」と呼びました。これが英語訳されて「スフィンクス」となり今に至ります。

ちなみにスフィンクスには「砂漠を行く旅人に謎かけをする」という話がありますが、これもギリシャのスピンクスが人間に謎かけをする性質から連想されたものです。古代エジプトには、スフィンクスが謎かけをする話はありません。

ギリシャの首都、アテネ大学の屋根に飾られているギリシャ風のスピンクス。

「カフラー王のピラミッド」の近くにある巨大なスフィンクス。現存するスフィンクスのなかでもっとも大きく、エジプトのシンボルにもなっている。

Q. なんで「ギザのスフィンクス」だけ、あんなに大きいの？

A. ……実はあのスフィンクスは「廃品利用」なのだそうで。

「カフラー王のピラミッド」の足下に鎮座する大スフィンクスは、全長 73.5m、全高 20m という、世界のスフィンクスのなかでもひときわ巨大なものです。

このスフィンクスは紀元前 2500 年ごろ、背後にあるピラミッドとともに、時のファラオ「カフラー王」の命令で作られたというのが定説ですが、紀元前 7000 年や、紀元前 1 万年ごろに作られたと主張する学者もいます。

スフィンクスが作られた理由もさまざまに推測されています。数多くの説のなかには、このスフィンクスは神殿などを造る石材として切り出される予定だったものの、脆すぎて石材に適さないので、オブジェに作り替えられたのだ、という説もあります。

Q.「オベリスク」ってなんなんですか？

A.「テケン」と呼びましょう。太陽信仰のシンボルです。

オベリスクの多くは都市のシンボルとしてエジプトから寄贈され、その多くがヨーロッパの主要都市にあります。写真はパリのコンコルド広場にあるオベリスクで、「クレオパトラの針」という異名を持つ。

オベリスクは、先端が尖った細長い石の柱です。ファラオや太陽信仰に関わるヒエログリフが刻まれており、かつては先端に金や銅の薄い板が貼られていたといいます。

オベリスクというのは、例によって古代ギリシャ語で「串」を意味する言葉です。エジプトでは「テケン（保護）」という名前で呼ばれており、太陽神を信仰する神殿の入り口に、2本一組で設置されていました。

宗教的な視点から見ると、オベリスクは、原初の丘ベンベン（➡p40、p161）を模したものです。朝日が昇ると柱の先端にある金箔に光が当たり、神々しく輝くのです。またオベリスクは宗教的に重要なだけでなく、時間を知るための日時計としても利用されていたそうです。

Q.「ロゼッタストーン」とかいうのもありましたよね？

A.ただの記念石碑ですが……妙に丁重に扱われていますね。

ロンドンの大英博物館に展示されているロゼッタストーン。上にヒエログリフ、下に古代ギリシャ語、中央にはエジプトの民衆文字デモティックで碑文が記されている。

ロゼッタとは、下エジプトのナイル川デルタ地帯西部に位置する町の名前です。西暦1799年、戦争の天才ナポレオン・ボナパルトが率いるフランス軍がエジプトを侵略したとき、フランス軍の兵士が、ロゼッタの町でこの石碑を発見したのです。

ロゼッタストーンは、紀元前200年ごろにエジプトを統治したギリシャ人ファラオ「プトレマイオス5世」が作らせたもので、プトレマイオス5世の偉業をたたえる、特に珍しくもない内容の石碑でした。

ですがこの石碑の価値は別のところにありました。この石碑はギリシャ語だけでなく、すでに読み方が失われて久しい「ヒエログリフ」など3種類の言葉で、「まったく同じ意味の文章」が書かれていたのです！

ふたつの言語の「同じ意味の文章」を比較することで、頓挫していたヒエログリフの解読が一気に進展。古代エジプト史研究に大きな成果をもたらしました。

エジプトの聖刻文字「ヒエログリフ」を読んでみよう!

さーて、無事にオシリス様の
審判はクリアできたし、
あとは『死者の書』の
復活の呪文をとなえるだけだね〜!
……あれ、ヒエログリフがよめない?
大学で習ったはずなのに?
……うっ、頭が。

大変ニャ!
よしむーのアタマ、腐りはじめてるニャ!
岩とゴッチンしたところニャね、
キレイにへこんじゃってるニャ……!

……アヌビスめ、失敗しましたね?
特急依頼だからといって
半端な仕事をするとは、許せません。
あとでキッチリお仕置きを
しておきますが、
まずはアタマを修復して、
ヒエログリフの勉強の
やりなおしですね。

脳が溶けたらやりなおし!?

はじめてのヒエログリフ

ヒエログリフとは『死者の書』などに使われている、エジプトの神聖な文字です。「聖なる」といっても、そんなに難しい文字ではありません。キッチリ勉強すれば、誰にでもすぐに読み書きできるようになりますよ。（横目でバステトのほうを見ながら）

……ってマアト様!?　その目はなんニャ!?
テトだってエジプトの神様だからヒエログリフくらい読めるのニャ！

あはは、私は忘れちゃったから、テトのほうがヒエログリフの先輩だね。
いろいろ教えてほしいな、よろしく先輩？

古代エジプトの聖なる象形文字

ヒエログリフとは、古代エジプトで使われていた神聖な象形文字です。動物や植物、人間や物品をかたどった文字を並べて文章を表現しました。墓や神殿の壁画、高級な『死者の書』などの非常に「かしこまった」場で使われる文字であり、一般の行政文書や手紙などには、ヒエログリフを簡略化した文字が使われていました。

象形文字ってべんりですよね〜、形を見れば意味がだいたいわかるし！
例えばこの文章だったら、２羽の鳥が蛇といっしょに池に行きました、って感じの意味ですよね？　それとも、この丸いのは池じゃなくて太陽だったり？

残念ですが、すこし違います。
実はヒエログリフは、単純な象形文字と比べるとかなり発展した文字で、見た目どおりの意味だとはかぎりません。それをこれから教えていきましょう。

3種類のヒエログリフ

ヒエログリフは、ただ「伝えたいことを絵で描いた」だけの文字ではありません。もっと高度な表現をするために、複数の使い方ができるようになっているのです。その複数の使い方とは、「形」と「音」です。

ヒエログリフは、豊かな文章表現が可能で、5000年以上前に発明されたとは思えないほど高度な文字です。その豊かな文章表現を実現するために、ヒエログリフでは文字の「音」だけを使い、「意味」を無視することがあります。文字の意味と音を両方使うのが「表意文字」的用法、文字の音だけを使うのが「表音文字」的な用法です。

①表意文字 ……絵の「意味」を重視する使い方

ヒエログリフを表意文字として使う場合は、文字そのものが持つ意味を使って文章を組み立て、決められた音で発音します。例えば下のヒエログリフなら以下のようになります。

意味：ハゲワシ
発音：ア（ah）

日本語にたとえると……？

波
ha

日本語に例えるなら「漢字」的な使い方ですね。漢字には文字ごとに意味があり、読みのルールがあります。

②表音文字 ……「絵の意味」を無視し、音だけを利用する使い方

人名や地名などを表現するときは、文字の意味をわざと無視して音だけを利用します。この文字なら、ハゲワシという意味を無視し、「ah」という音の当て字として使います。

発音：ア（ah）
意味：なし

日本語にたとえると……？

は
ha

日本語に例えば「ひらがな」です。ひらがなは、発音は決まっていますが、文字に意味はないでしょう？

3つめの使い方も！

そのヒエログリフが「意味をあらわす文字」なのか、「音をあらわす文字」なのかは、文脈から判断するしかありません。ここがヒエログリフの一番難しいところです。このほかにも、意味だけ取って発音しない「限定符」という第3の使い方もあります。限定符については170ページでくわしく説明しましょう。

LESSON 1 24種類の基本表音文字

それではあらためてレッスンをはじめましょう。ヒエログリフの文字には、固有の読みがあります。なかでもこの24文字は、ひとつの音で発音する文字です。英語のアルファベット、日本語のカナに相当する重要な文字ですよ。

24種類の基本表音文字

音	意味	音	意味	音	意味
「ah」音	ハゲワシ	「r」音	口	「sh」音	池
「i」音	葦の穂（※2個並べると「y」音になる）	「n」音	水	「qu」音	小山、傾斜
「a」音	腕	「弱いh」音	中庭、避難所	「k」音	かご
「u、w」音	ウズラの雛	「強いh」音	よじった縄	「弱いg」音	壺置き台
「b」音	脚	「弱いkh」音	不明。胎盤？	「t」音	パン
「p」音	葦で編んだ踏み台またはマット	「強いkh」音	動物の腹部	「ch」音	つなぐ縄
「f」音	ツノヨコバイクサリヘビ	「s」音	扉のかんぬき	「d」音	手
「m」音	フクロウ	「s」音	たたんだ布	「j」音	コブラ

例えば、このヒエログリフなら……

m y s i m t m

……「三好むつみ」と読む。

ヒエログリフは、子音と母音の「母音」をあまり意識しない文字です。ですから「s」のヒエログリフを「サ」と読むのか「シ」と読むのかは、経験則で判断しなければなりません。

文字数を減らす"判じ絵"の文法

さて、左の法則にしたがって、有名なファラオ「ツタンカーメン」の名前を、１音の基本文字だけで表現しようとすると、以下のようになります。

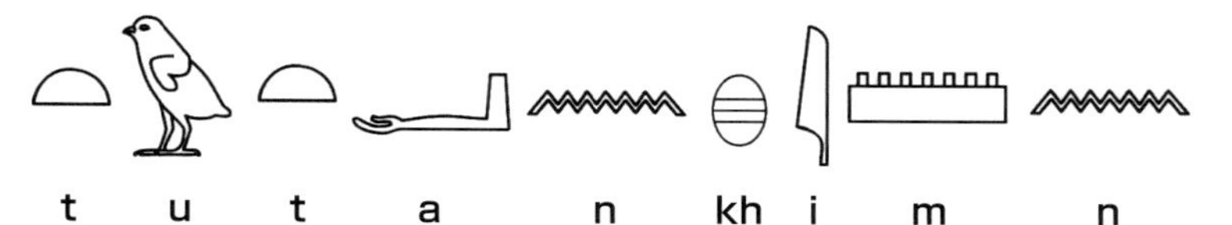

t u t a n kh i m n

……なんか、ごちゃごちゃしてるニャ。
こんなに長いと、名前を書くだけで疲れちゃうニャ。

ええ、まったくそのとおりですね。ですから、１音の文字だけを使って名前を表現することはまずありません。ヒエログリフには２音、３音で発音する文字がありますから、それらを使ってこのようにします。

＝トゥトゥ＝アンク＝アメン

imn tut ankh

わー、ずいぶんすっきりしましたねー。「ankh」の３音を、アンクのマークに置き換えたんだ。これなら書くの楽かも。

同じようなことは日本でもやっていますよね？外国の国名を漢字であらわすときに、このように漢字を使って文字数の短縮を行っています。

なるほど、やってることはコレと同じなのか……。

漢字表記による文字数減少の例

スウェーデン	瑞典
ポルトガル	葡萄牙
アメリカ	米利堅
パラグアイ	巴羅貝

LESSON1のポイント

ヒエログリフの文字には、決まった発音があることを理解しましょう。複数の音を持つヒエログリフを使えば、文字数を節約できますよ。

LESSON 2 意味を決める"限定符"

ヒエログリフの文字や単語は、固有の「読み」を持っています。ですが困ったことに、同じ「読み」でも、意味が違う言葉があるのです。よしむーさん、あなたの国でも、このような問題があると聞きますが……。

※ 同音異義語

あー、はいはい、"はし"と"はし"ですね～。
同音異義語ってやつですよ。へぇ、エジプトにもあるんですかー。

ええ。日本では「漢字」を使って意味の違いを表現するそうですが、ヒエログリフの場合、**「限定符」**という特別な文字を使って、同音異義語を区別します。

ヒエログリフの場合は……

イウ

動物を意味するヒエログリフ
（犬、という意味）

イウ

口に手をやる男のヒエログリフ
（大きな悲しみをあらわす、という意味）

これが「限定符」!!

なるほど、最後にくっついてる限定符の形で、その言葉がだいたいどっち系のジャンルの言葉かがわかるようになってるんですね。
左のほうは「動物に関係する単語」で、右のほうは「人間の口に関係する単語」と。

そういうことです。同じ意味の単語ばかりそろえては、キッチリと文章を読むことができませんからね……あ、ひとつ伝え忘れていました。限定符のついた単語を声に出して読む場合、限定符は「発音しません」。気をつけてください。

LESSON 2のポイント

単語の最後に来る「限定符」で意味を予想しましょう。限定符は発音しないことに気をつけましょう。

LESSON 3 向きと重ね方

ヒエログリフは、現代の言語にはない独特の特徴を持っています。
それは「向き」です。ヒエログリフは縦書きや横書きができるのはもちろん、左から右、右から左と、左右の向きを逆にすることもできるのです。

日本語は、縦書きと横書きという2種類の方法で文章を記述できる言語です。ヒエログリフの場合は、上から下に書く「縦書き」の書式のほかに、右から左に、あるいは左から右に、文章を書くことができます。

その文章が「左向き」なのか「右向き」なのかを見分けるためには、ヒエログリフに描かれている人物や動物の顔の向きを見ます。顔が向いている方向が、その文章の先頭というルールになっています。

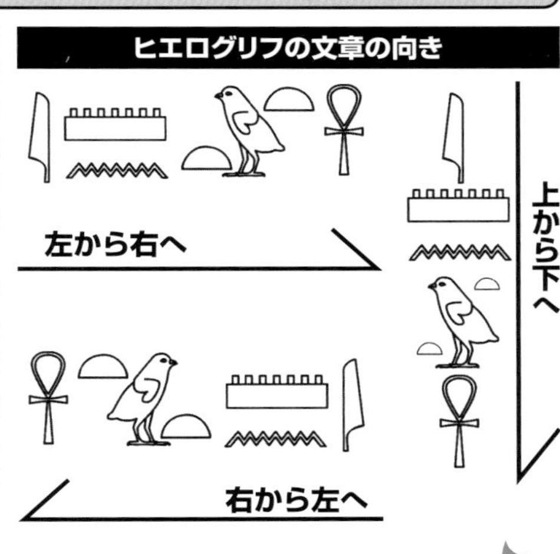

文字を重ねてすき間をつめる

ヒエログリフの文字のなかには、図形が単純で小さく書けたり、横に長くて縦幅が極端に狭いものがあり、これらを1行のなかに2段、3段に重ねて書くことがあります。

複数重ねてあるヒエログリフを読む場合、「上から下」「左から右」の順番で読んでいくのがルールです。

この単語なら、①～④の順番で読む

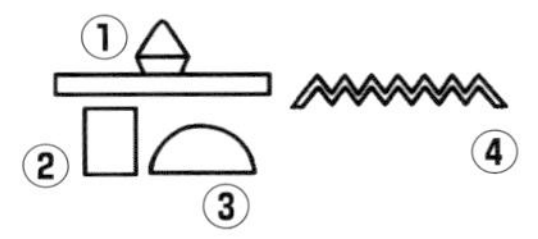

LESSON 3のポイント

横書きのヒエログリフを読むときは、人間や動物の顔の向きに注意。
1行に複数の文字を段重ねにすることもありますよ。

LESSON 4 いろいろなヒエログリフ

古代エジプトで使われていたさまざまなヒエログリフの一部を、種類ごとに紹介します。ここで紹介したヒエログリフはテストでも使います。資料の持ち込みは可ですから、最初は流し読みするだけでいいですよ。

名詞 物の名前などをあらわす単語です。

読み	意味	読み	意味	読み	意味
st	その女性	swtnsst	王女	pr	家
rm	魚	iah	月	shat	手紙
sẖ	書記官	nsw-bity	上下エジプトの王	nbt	ふたつの土地の支配者
diankh	生命を与えられし者	hrw	声	ma-hrw	声正しき者
bak	男性の召使い	mwt	母	nfr	よい神

動詞 行動の内容などをあらわす単語です。

読み	意味	読み	意味	読み	意味
amn	隠れる	wda	押す	rh	学ぶ
iah	航行する	wn	開ける	sh	書く
wnm	食べる	stt	槍で突く	thb	反抗する
sdm	聞く	wtwt	防腐処置をほどこす	war	逃げる

代名詞／所有代名詞 名詞のかわりに使われる言葉と、物の所有者などを示す言葉です。

読み	意味	読み	意味	読み	意味
i	わたし／わたしの	k	あなた／あなたの（男性）	t	あなた／あなたの（女性）
f	彼／彼の	s	彼女／彼女の	n	私たち／私たちの

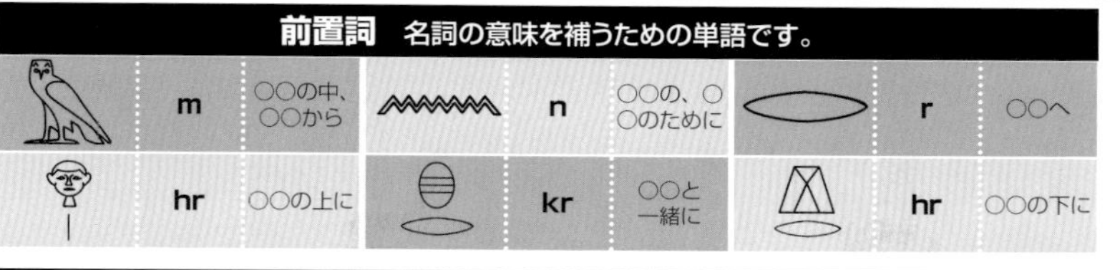

前置詞　名詞の意味を補うための単語です。

ヒエログリフ	読み	意味	ヒエログリフ	読み	意味	ヒエログリフ	読み	意味
	m	○○の中、○○から		n	○○の、○○のために		r	○○へ
	hr	○○の上に		kr	○○と一緒に		hr	○○の下に

限定符　単語の意味を確定させるために、単語の最後に置く文字です。

ヒエログリフ	意味	ヒエログリフ	意味	ヒエログリフ	意味
	男性に関する言葉、「わたし」		女性に関する言葉		目に関する言葉
	鼻、嗅覚、表情に関する言葉		移動に関する言葉		唾を吐く、嘔吐、血
	太陽と光に関する言葉		神に関する言葉		書くもの、法律、知識に関する言葉

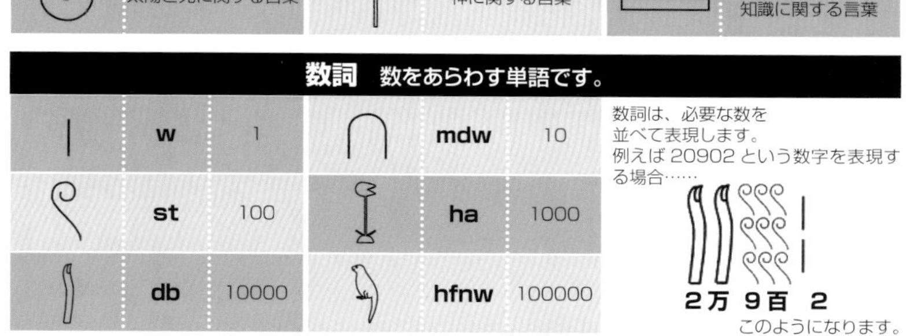

数詞　数をあらわす単語です。

ヒエログリフ	読み	数	ヒエログリフ	読み	数
	w	1		mdw	10
	st	100		ha	1000
	db	10000		hfnw	100000

数詞は、必要な数を並べて表現します。
例えば 20902 という数字を表現する場合……

このようになります。

形容詞　ものの特徴を説明するための単語です。

ヒエログリフ	読み	意味	ヒエログリフ	読み	意味	ヒエログリフ	読み	意味
	ka	高い		a	大きい		nfr	美しい
	ikr	優れた		kbhw	冷たい		wr	重要な

LESSON 5 単語をならべて文にする

ヒエログリフの単語の書き方と読み方はわかりましたね？
次は、これらの単語を使って文章を作る方法を教えます。
試験でもっとも重要な部分です。集中してマスターしてください。

ヒエログリフの文法は独特のものです。例えば英語も日本語も、「誰が」その行動をしたのかをあらわす“主語”を一番最初に置くという共通の特徴があります。これは現代の言語において一般的な文法です。

ですがヒエログリフの場合は、文章の最初に書かれるのは主語ではありません。「どんな行動が行われたか」を示す「動詞」が文章の最初に来るのです。

動詞のあとには、まず“主語”が、次に、何を何に対して行動したのかを説明する「目的格」が入ります。

各国語の文法のちがい

英語	I	have a	pen.
日本語	私は	ペンを	持っている。
ヒエログリフ	持つ	自分	ペン

形容詞はうしろに置く

「赤い」「高い」「速い」のように物事の特徴をくわしく伝える言葉「形容詞」の使い方にも特徴があります。日本語や英語では、形容詞は右図のように、名詞の前に置くことになっています。ですがヒエログリフの文章では、名詞のあとに形容詞を置くルールであり、日本語や英語とは正反対です。

英語	high	sunshine
日本語	高い	太陽
ヒエログリフ	太陽	高い

LESSON 5のポイント

いちばんはじめに書くのは
「動詞」ですよ。
「形容詞」は、
名詞の「後ろ」に置きましょう。

Examination ヒエログリフ検定試験

これでヒエログリフの基本的な読み方と、文の組み立て方を教えました。
172 ページのヒエログリフ集を参考に、試験に挑戦してみてください。
キッチリ全問正解するまで現世には帰しませんからね！

Q1 この単語の発音記号を英字で書いてください。

①  

反抗する

② 

王女

「限定符は発音しない」ことと、左右の向き、2 段になったヒエログリフの読み方に注意です！

Q2 この単語の意味を書いてください。

① 

② 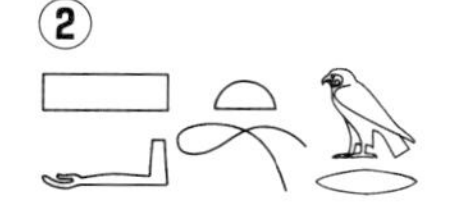

173 ページで説明した数詞の数え方に注意しましょう。それから、名詞と形容詞を並べる順番にも気をつけたいですね。

Q3 この文章を日本語に翻訳してください。

動詞、主語、複数の形容詞、という構造の文章です。ひとつ「前置詞」がありますので、基本発音文字と混同しないように注意。

Q4 この文章を日本語に翻訳してください。

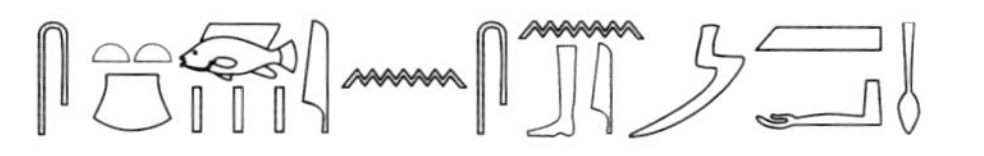

「○○さんが ×× をした」という文章です。人の名前は 173 ページには載っていないので、発音記号で書いてください。

試験の解答は 179 ページへ！

エジプト女神小事典

最後に、これまでのページで紹介しきれなかった女神たちを、時間の許すかぎり紹介していきましょう。

小事典の見方

アヌキス ―――女神の名前

神名種別：英語　エジプト名：アーンケト　名前の意味：不明

データ欄
神の名前が何語か、エジプトでの呼び名、名前の意味が書かれています。

アヌキス

神名種別：英語　エジプト名：アーンケト　名前の意味：不明

エジプト最南端の国境地帯エレファンティネで崇められていた女神で、束ねられた大きな羽根飾りが乗った短い冠を被る女性、という特徴的な姿で描かれる。手には生命の印であるアンクや笏を持つこともある。彼女の神聖動物はガゼルであり、ときにガゼルそのものの姿でアヌキスを表現することもある。名前の意味は不明だが、「抱きしめる者」だとする説がある。

夏になるとナイル川の結界を破り、川の増水を引き起こすとされていた。エジプト初のファラオが王朝を立てた「古王国」時代は太陽神ラーの娘だという設定だったが、時代が進むにつれて、クヌム（➡p146）とサティス（➡p94）の娘として、ナイルの増水を生み出す「エレファンティネの三柱神」に組み込まれた。

さらに「王の母」という称号を持っており、性質が似ている女神ハトホル（➡p54）と同じ神だとみなされることもあった。

ウェプセト

神名種別：古代エジプト語　名前の意味：燃やす婦人

魔術や炎に関わり、蛇の姿をとるという女神。その特徴やエジプトにおける蛇の特性から見て、炎によって神々や王を守る守護者の女神ではないかと考えられているが、そこから先の情報が判明していない、非常に謎の多い女神である。

基本的にウェプセトは蛇の姿で表現される女神だが、時代が下り、ギリシャ人がファラオとしてエジプトを統治した紀元前４世紀ごろになると、ウェプセトはこれまでの姿にくわえ、ウラエウス（蛇形記章）か、または日輪を伴う角を頭部につけた人間女性の姿、あるいはライオンの頭部を持つ女性の姿でも描かれた。

ウェプセト信仰は上エジプト、ナイル川上流で特に盛んで、その儀式の中心地は、古代エジプト最南端、アスワン地方にあるナイル川の中州のひとつ「ビガ島」だったことがわかっている。だが現在のビガ島からは、神殿の遺跡などは発見されていない。

ウラエウス

神名種別：ラテン語　エジプト名：イアールト　名前の意味：立ち上がる者？

ウラエウスはコブラ蛇の姿をした女神なのだが、これは女神の個人名というよりは、王を守護するヘビ女神の総称である、と考えたほうが適切である。ウラエウスの姿をとる代表的な女神は、下エジプトの守護神で、有翼のコブラ蛇として描かれることが多い女神ウアジェト（➡p60）である。

ウラエウスの姿は魔除けとして、王の冠や杖、ベルトなどの装飾品の一部によく用いられており、ときには他の神をかたどった像にも、装飾の一部としてウラエウスの姿が見てとれる。これは蛇形記章と呼ばれるもので、有名なところではツタンカーメンのミイラがかぶっていたマスクの額に付いている。

シェスメテト

神名種別：古代エジプト語　名前の意味：不明

古代エジプトの神々のなかには、王の持ち物を神格化した神が少なからず存在している。本書で紹介した神々のなかでは64ページのウアセトがこれにあたる。シェスメテトもその一種で、高位の男性のみが付けることを許される、シェセメトという飾り帯（ベルト）を神格化した存在である。

この女神はライオンの頭部を持つ女性の姿をしており、同じ姿をとるセクメト（➡p102）などの一形態とも考えられている。またライオン、すなわち獰猛、という所から、民間信仰や呪術においては守護神とされていた。

タ・ビチェト

神名種別：古代エジプト語　名前の意味：不明

サソリの姿で描かれる下位の女神で、まじないの呪文のなかにその名が登場する。それによればタ・ビチェトには、サソリや毒蛇など、毒を持つ動物に咬まれたときに、その毒が回らないように助けてくれるという。呪文によれば彼女は天空神ホルス（➡p70）の妻だという。

また、彼女は女性の「処女喪失による出血」と深く結び付いていると説明する資料があるが、具体的にどのような関係を持っているのかは不明である。

バアラト

神名種別：ウガリット語　名前の意味：女主人

バアラトは外国からやってきた外来の女神である。出身地はエジプトの北東に位置するウガリット地方（現在のシリア）で、それゆえ地理的にこの地と近い、下エジプトのナイル川河口デルタ地帯の北東部に信仰の痕跡が残っている。なおバアラトという名前は、ウガリット地方の主神バアルの名前を女性形にしたものである。

古代エジプトにおけるバアルおよびバアラトという名前は、実は神の個体名ではなく、輸入された神々をまとめて呼ぶ際に使われた総称だと考えられている。つまり外来の神であれば誰でも、男神ならバアル、女神ならバアラトと呼んでいたのである。これと似た現象はキリスト教の『旧約聖書』にも見られ、異教の神の総称として「バアル」という名前が使われている。

パケト

神名種別：古代エジプト語　名前の意味：引き裂く者

名前の意味からして獰猛さを感じる女神パケトは、メスライオンの女神である。パケトは敵対する者たちに恐怖を植え付けると信じられており、セクメト（➡p102）のように攻撃的な性格を持っている。図像や美術などで表現されることはあまりなかったが、メスライオンの頭部を持つ女性として描くのが一般的である。

パケト崇拝は、上エジプト第16ノモスの州都ベニ・ハサン周辺だけに広がっていた局地的なものだった。この地方は中王国時代に高い地位を持っていたため、パケトも同様に高い地位にあったのだが、時代が進むにつれてベニ・ハサンの地位が低下すると、パケトも忘れられていった。

バト

神名種別：古代エジプト語　名前の意味：女性である力

古代エジプトには多くの「牛の女神」がいる。そのなかでもバトは、ファラオによるエジプト王朝ができたばかりの紀元前30世紀前後に信仰されていた、古い女神である。雌牛の姿で表現されるこの女神が出現した経緯の特定は困難だが、彼女が中東のメソポタミアからエジプトに導入された女神である可能性が示唆されている。

バトに対する信仰は、すくなくとも初のファラオの誕生から1000年後、紀元前20世紀に始まった「エジプト中王国」の時代には、同じ雌牛の女神であるハトホル信仰のなかに吸収され、姿を消してしまった。そのためバトは神話にも図像にもほとんど登場していない。

バトの姿が描かれた数少ない例が、エジプト初期のファラオであるナルメル王の姿が描かれた化粧用の皿「ナルメル王のパレット」である。このパレットの上部には、バトの姿が、2本の角が内側に向かって曲がっている牛として描かれている。ハトホルなどエジプトの牛の女神の角は、真っすぐ上に向かって伸びるか、やや外側に広がっているものが多い。つまりこの角の描かれ方は、バトとその後の牛女神が明確に違うことを示すとともに、エジプトに住む牛の品種が変わった可能性を示している。

ヘネト

神名種別：古代エジプト語　名前の意味：不明

ヘネトは、古王国時代から知られていたペリカンの女神で、人間に恵みをもたらす存在として崇められていた。ただし文献に名前が見られるのみで、その外見をあらわした図像などは見つかっていない。

この女神は、理由は不明ながら「王の母」と呼ばれており、死者が冥界を通り抜けるときに安全な道筋を予言する者とされている。

古代エジプト人は、ペリカンが大きな口で魚をすくい上げるように食べる姿に、神の力を感じ取ったらしい。エジプトにおいて魚は不浄の存在だとされており、民衆の食卓にのぼりはするものの、あまり人気がなかったのだ（➡p112）。

メスチェト

神名種別：古代エジプト語　名前の意味：不明

メスチェトはライオンの頭部を持つ女神である。ただし、その信仰はごく限られた時代か、あるいは狭い地域のみであったらしく、第21王朝時代に作られた、ただひとつの碑文以外には、名前も姿も残されていない。

女神メスチェトは、太陽神ラーの眼が女神の姿をとったものだと考えられている。このように、神の体の一部が別の神の姿をとり、別の名前を名乗るのは、古代エジプトでは決して珍しいことではない。

メヒト

神名種別：古代エジプト語　名前の意味：不明

ナイル川上流部、上エジプト第8ノモスで信仰されていたメヒトは、第1王朝時代から存在が確認されているかなり古い女神であり、メスライオンの姿をとる。セクメト（➡p102）と同じように、太陽神ラーの眼に関連する神々の一員であるか、あるいは月と繋がりを持っていた可能性がある。

メヒトはテフヌト（➡p22）やセクメトと同様「南方へ逃げて、ほかの神に捕われて連れ戻される」という神話を持っており、「メスライオンの女神」という共通点からも、何らかの繋がりがうかがえる。

メリト

神名種別：古代エジプト語　名前の意味：不明

メリトは下級の女神で、担当しているのは音楽である。彼女は音楽と歌、身振りによる指揮で、宇宙の秩序の確立を助けたという。

彼女は「カイロノミストの女神」とも呼ばれている。カイロノミストとは、壁画のなかで演奏者を指揮するような手振りをする者のことで、手の形によって曲のジャンルを示すために描かれている。古代エジプトでは、整然とした旋律は宇宙の調和を示すとされていたことから、世界の創世に音楽が関わる神話が生まれたと考えられる。

レレト

神名種別：古代エジプト語　名前の意味：ブタ

レレトは豚の女神である。直立した豚の姿で描かれ、体型や描かれ方がとてもよく似ているため、タウェレト（➡p116）のようなカバの女神とよく混同されている。

神殿の壁画などでレレトを図像として描く場合、豚の体に星がちりばめられた姿で描か

れる。これはエジプトの天文学において、レレトの姿がギリシャ星座で言う「りゅう座」に相当する星座にあてはめられていたためだと思われる。

りゅう座を構成する星のなかには、古代の地球で北極星だと誤解されていた「りゅう座のα星」が含まれている。つまりレレトの星座は天の中心に位置しており、彼女が天空の守護神であった可能性を感じさせる。

レンペト

神名種別：古代エジプト語　名前の意味：カレンダー

時を刻むためのカレンダーのような道具「レンペト」を神格化した女神である。「年」の象徴であり、年を意味するヒエログリフ記号を頭上に乗せている姿で表される。

レンペトの姿は神殿の浮き彫りなどで頻繁に表現されたが、特に重要な祭儀などは行われていなかった。

よしむーさん、おめでとう。検定試験の結果は満点ですよ。
これで『死者の書』のヒエログリフの呪文をきちんととなえて、現世に復活できるでしょう。
短いあいだでしたが、あなたが2000年以上も前に滅んでしまった「古代エジプト」の神話を尊重してくれたことを、真理の女神として嬉しく思っていますよ。

やだなあマアト様、そんなにかしこまって……って、そういえばマアト様はいつでもかしこまってたか。
一時はどうなることかと思ったけど、楽しかった！　ありがとうございました！

おっけーニャ、それじゃあよしむー、呪文を始めるニャ！
世話になったのニャ！　マアト、まただニャ！

ヒエログリフ検定試験　解答とポイント

解答	ポイント
Q1 ① thb	最後の足のマークは限定符なので発音しません。
Q1 ② swtnsst	カモのヒエログリフが右側を向いているので、右から順番に読みます。
Q2 ① 232名の召使い	名詞のあとに数詞を並べて、物の個数や人数を示します。
Q2 ② 重要文書	形容詞「重要な」を名詞「文書」のあとに置きます。
Q3 その女性は彼女の家の中で声を聞く	前置詞「中で」の位置に気づくことが重要です。
Q4 声正しき者snbi（セネビ）が魚を槍で突く	「声正しき者」の前にあるヒエログリフが人名です。

復活っ！　しましたっ!!

……あれ、教授……？　みんな……？
なんでこんなところにいるの？

なんでもヘチマもないわ！　三好君と落盤で分断されて、方々探し回ってみれば、ファラオの棺のなかで呼吸も心臓も止まっとる。
これはいよいよワシの学者人生も終わりかと……。

心配すんのソコですかっ!!
ともかく生還しましたので。ご心配おかけしましたー。

ニャ～？

おっ、テトもちゃんと復活できたんだね。よかったよかった。
帰る前にお礼を言っていかなきゃ。ええっと、マアト様たちの壁画は、っと……（キョロキョロ）あ、見つけた、あれだ！

（マアトの壁画を見つけて柏手(かしわで)を叩く）パンパン、マアト様、オシリス様、アヌビス様、生き返らせてくれてありがとう！　来年もエジプトに来るけど……落盤に遭っちゃったら、また“復活”よろしくお願いしま～っす♪

萌える！　エジプト神話の女神事典
これにておしまい！

イラストレーター紹介

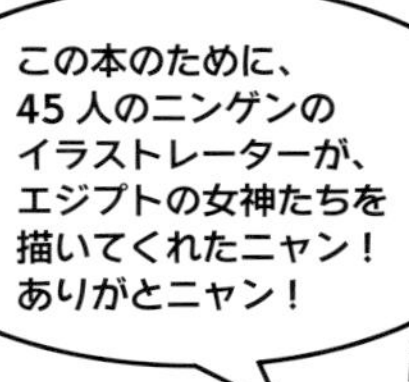

この本のために、
45 人のニンゲンの
イラストレーターが、
エジプトの女神たちを
描いてくれたニャン！
ありがとニャン！

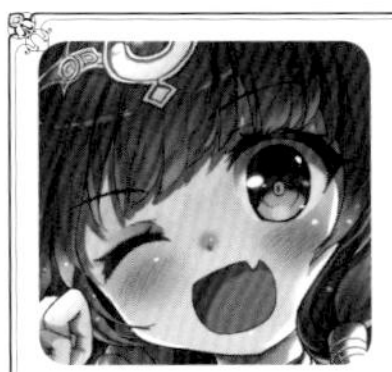

アカバネ

●表紙

前回に引き続き表紙イラストを担当させていただきましたアカバネです。
今回はエジプト神話に登場する猫の女神バステトを描かせていただきました。はやくもシリーズ表紙バスト最少記録を更新できたので満足です。

zebrasmise
https://www.zebrasmise.com/mypage

C-SHOW（ししょう）

●巻頭・巻末コミック
●案内キャラクター

ナビキャラとオープニング＆エンディングコミックを担当させていただきました！　作画のために資料を探していたら、大英博物館で売られているというバステト（黒猫）とアヌビス（黒犬）のぬいぐるみがとてもかわいくてハァハァ……欲しい。

おたべや
http://www.otabeya.com/

粗茶（そちゃ）

●扉イラスト

この度はお招きいただきありがとうございます。

エジプトの神様だけをこんなに描くことはなかったので楽しく描かせて頂きました。

Pixiv ページ
http://www.pixiv.net/member.php?id=10210

毛玉伍長（けだまごちょう）

●テフヌト(p23)

今回はテフヌトさんを担当させて頂きました。
雌ライオンの頭の神様で、色々てんこ盛りの神様なのですが、原初過ぎて素性が色々謎に包まれているのですが……包まれているので！
好き勝手にケモノさんで描かせて頂きましたっ！

けづくろい喫茶
http://kedama.sakura.ne.jp/

木村樹崇

●ヌト(p25)

今回「ヌト」を担当させて頂いた木村です。
ゲームならチートキャラと言っていいんじゃないかっていうくらい全能なヌトですが、
イラストとしてどう描いたらいいか非常に苦心しました。妹設定まであるヌトですが、あえてちょっとアダルトな雰囲気に振ってみました。

Digi-force
http://digi-force.net

此処シグマ

●イシス(p30)

ここしぐまと申します。エジプト神話はとても好きな神様がたくさんいるので、見開きを描かせていただき大変光栄です。

Pixiv ページ
http://www.pixiv.net/whitecube/user/120048

さくも

●ネフティス(p33)

最近褐色キャラも魅力があって良いなと思うようになりました。

KARATAMA
https://sa-ku-mo.tumblr.com/

浜田遊歩

●オグドアドの4女神(p42)

オグドアドの４女神を描かせていただきました浜田遊歩です。
見開きで描かせていただき、つい手に汗握って濡れて透け透けになってしまいました。ごちそうさまでした。

FOSSIL ANTIQUE.com
http://fossil-antique.com/

志波彰

●セシャト(p45)

ピラミッドのすぐそばには電線も通っていて街が広がっているというのを知って結構ショックでした。どこの観光地もそんなもんだとは思いますが、神秘の塊のエジプトだけはなんとなくそうではないと勝手に思い込んでいた…

cosmic milk
http://cosmicmilk.x.fc2.com/

きゃっとべる

●ムト(p47)

今回ムトを担当させて頂きましたきゃっとべるです。「天空からの mother heart」天空の広大さ、母の包容力、日が昇る様子を生まれてゆく命、またラーの再生をイメージで描いてみました。
ムトを描かせて頂きありがとうございました！

HAPPY CLOVER
http://nekomiko.com/

ryuno（りゅーの）

●ヘケト(p49)

もうこのシリーズに参加するようになって10年くらい経ったかな？毎度ありがとうございます。

Pixiv ページ

http://www.pixiv.net/member.php?id=107235

出利（しゅつり）

●ハトホル(p55)

ハトホル様を描かせて頂きました出利と申します。
エジプト神話の神様がとても好きなのでこの企画に参加させて頂けて凄く嬉しかったです！
母性って、いいですよね。

Pixiv ページ

http://www.pixiv.net/whitecube/user/6147522

Emanon123（えまのんいちにーさん）

●ウアジェト
(p61)

ウアジェトを担当させていただきました Emanon 123 です。
褐色っ娘描いていてとても楽しかったです！
事典シリーズに参加でき光栄です。ありがとうございました！

じんせい

http://emanon123.blog33.fc2.com/

塩花（しおはな）

●ネクベト(p63)

ネクベトを担当しました塩花と申します。
今回はエジプト神話ということで、普段なかなか描ける機会の無い褐色キャラを描けてとても嬉しかったです……！
褐色＋金髪＋白ドレスと好きな要素を詰めましたので気に入って頂けましたら幸いです。

salt flower

http://siohana.wixsite.com/saltflower

アイゴンデロガ

●ウアセト(p65)

初めまして、アイゴンデロガと申します。
いつかはエジプトモチーフに絵を描きたいと思っていたので、とても楽しめました。
見た目にもいい落としどころになったと思います。
これからも精進していきますので、どうかよろしくお願いいたします。

Pixiv ページ

http://www.pixiv.net/member.php?id=15987440

けいじえい

●マフデト(p67)

マフデト様を担当させて頂きました、けいじえいと申します。オーダーで頂いたマングース要素が思った以上に難しかったです。どうしてもイタチに見えて（泣）褐色肌でテンション上げてなんとか乗り切れました…かな？

Pixiv ページ

http://www.pixiv.net/member.php?id=5021528

広輪凪（ひろわなぎ）

●レネヌテト(p69)

女神であることよりも、子供たちに慕われる乳母的な側面に注目して描かせていただきました。乳母といえばやはり豊満……ですよね？

なぎなた企画

http://hirowa.dfz.jp/

とんぷう

●タイエト(p73)

当時の包帯は古着の糸から作られた物もあったとか何とか…
と、いうワケで杼の先を見てみるとそういうコトになっています。
さぁ、どんどん包帯を作ってもらいましょう！

ROCKET FACTORY

http://rocketfactory.jpn.org/

大山ひろ太（ひろやまた）

●アメンテト(p77)

今回アメンテトを担当させて頂いた大山と申します。
大好きな褐色ちゃんを描くことができてとても楽しかったです。
あの世に行くときは私も褐色ちゃんに案内してもらいたいです！！！

Pixiv ページ

http://pixiv.me/sentaro-mm

チーコ

●メレトセゲル(p79)

今回はエジプトの女神さまを描かせていただきました。
せっかくの褐色娘なので頑張って露出多めで締まったかっこいいボディーを
目指して描いてみましたがいかがでしょうか。
お気に召して頂ければ幸いです。

Pixiv ページ

http://www.pixiv.net/member_illust.php?id=21101

レルシー

●マアト(p82)

マアトを担当させて頂きましたレルシーです。
初めての見開きでしたが楽しく描かせて頂きました。
いつか両ページおっぱい描きたいです。

RE:LUCY

http://relucy.com/

あれっきー

●アメミト(p85)

アメミトを担当させて頂きました。
頭がワニ、上半身がライオン、下半身がカバという獰猛な生物の究極合体なアメミトですが、審判の場のアイドル的な存在という感じで描きました。
今日も天秤が傾くのをひたすら待っています。
罪人の心臓美味しいです。

Pixiv ページ

http://www.pixiv.net/member.php?id=7569

桃の缶詰

●ヘメウセト
(p87)

黒髪褐色は最高なので
もっともっと広まれーーーーー！！

ももチョコ

http://momokan315.tumblr.com/

笹木まる

●メヘトウェレト
(p89)

牛！母性！エジプト神！ということでいろいろ好きにさせていただきました。こちらの手違いなどもあり編集さん方にはご迷惑おかけしましたが非常に楽しく描けて幸いです。あまりに自分の好みからして通常営業で、オッケーもらえて気が引けたほどで…褐色巨乳いいですよね！

ささきまる

http://sasaki666.waterblue.ws/

あげきち

●アンケト(p93)

今回はアンケトのイラストを担当させていただきました。自分の好きな要素も盛り込みつつ、元のイメージも取り入れていけたらと思いながら描きました。

HeartShape

http://heartshape.wixsite.com/heartshape7

Zukky

●サティス(p95)

サティスはナイル川の流れを操る女神で豊穣神として崇められていると同時に戦士という二面性を持った女神です。イラストではそんな彼女の二面性を表現できるようにみずみずしさとサティスの力強さを出せる様に描きました。褐色肌が好きでサティスは楽しんで描いてましたw

Pixiv ページ

http://www.pixiv.net/whitecube/user/1450385

みつまたうさぎ

●ヘサト&テネミト
(p97)

この度頂いた資料を元にしつつ限りなく趣味に突っ走った結果あのような感じになりましたが大丈夫だったのでしょうか。とくに母乳とか…！いいですよね母乳、あと巨女もよいと思いますので若干巨女です。おっぱいに包まれたいですね。お誘い頂いてまことにありがとうございました！

ばにしろ製作所

https://enty.jp/bunnysyrup

かぼちゃ兎

●ウェネト(p101)

ウェネトのイラストを担当させて頂きました。かぼちゃ兎と申します。ウサギと聞いて描く前から心躍っておりました。もう、こう、嬉しくて嬉しくて心ぴょんぴょんしちゃう！もう今年はウサギ年でええんちゃう？？（※ 酉です）

かぼちゃげっと

http://xyusayusax.blog.fc2.com/

天領寺（てんりょうじ）セナ

●セクメト(p103)

初めましてこんにちは！セクメトを担当させて頂きました天領寺セナと申します。笑顔や幼さの中にある残虐性を表現出来ればいいなと思いつつ描き進めていきました。胸がぺちゃんこなのは趣味です。セクメトちゃんとお酒を一杯どうでしょうか？
早く起きないと…！

Rosy liliy

http://www.lilium1029.com/

遅刻魔（ちこくま）

●アケト&ペレト&シェムゥ(p106)

エジプト娘は始めて描いたのですが気に入ってもらえたら嬉しいです。

Pixiv ページ

http://www.pixiv.net/whitecube/user/171007

紗倉（さくら）シホ

●バステト(p109)

この度は事典のイラストを描かせていただき大変光栄です。今回担当させて戴いたバステトは、描いたことの無い要素も多く、とても勉強になりました。妖しさのある猫の女神を表現できていれば幸いです…！創作・同人活動もしておりますので、そちらも宜しくお願い致します。

Pixiv ページ

http://www.pixiv.net/whitecube/user/18974005

いけだ

●ネイト(p111)

２回目の参加となります。今回はネイトを担当させて頂きました。
エジプト文化の女性は独特で神秘性があり、今でも魅入るものがあるなあと感じます。

Pixiv ページ

http://www.pixiv.net/member.php?id=55126

皐月（さつき）メイ

●ハトメヒト(p113)

初めまして、皐月メイと申します。
萌える事典シリーズに参加させていただいて色んな女の子を描いてきましたが、今回はその中でも一番露出が多いデザインになったんじゃないかなと思います。この見えそうで見えない感じ…いやぁたまりませんね。

Pixiv ページ

http://www.pixiv.net/member.php?id=381843

コバヤシテツヤ

●タウェレト(p117)

指定書では「魅力を損なう場合ボテ腹垂れ乳はカットしても大丈夫です」
とあったのですがそれをカットするなんてとんでもない！
合法的に褐色ボテ腹垂れ乳エジプト女神が描けて楽しかったです。

ジャブロー２丁目

http://www17.plala.or.jp/jabro2/

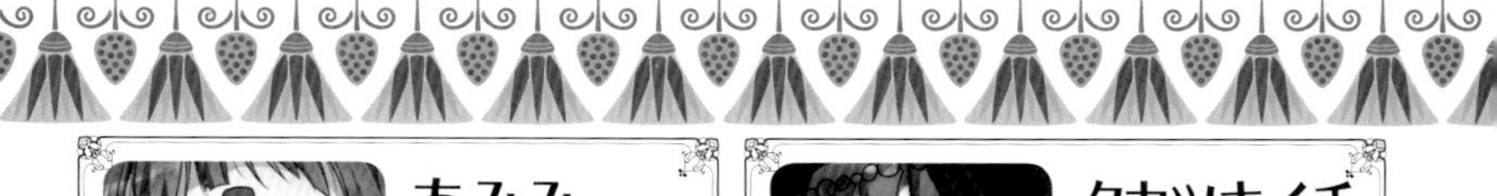

あみみ

●メスケネト
(p119)

ふとももが描けたので良かったです。

えむでん

http://mden.blog32.fc2.com/

タカツキイチ

●アスタルテ
(p123)

また萌え事典様に呼んでいただけて光栄です。
タカツキイチと申します。この度はアスタルテという人物を担当させて頂きました。
褐色やチャリオット含め勇ましい褐色の女性が描けて楽しかったです。

ITIBOSI

http://takatukiiti.tumblr.com/

湖湘七巳

●カットイラスト

一部カットイラスト等を担当させていただきました、湖湘七巳と申します。
テトにゃー可愛くて描くのが楽しかったです！
ちなみにエジプト神話では、メジェド様が好きです。

極楽浄土彼岸へ逕こそ

http://shichimi.la.coocan.jp/

フジヤマタカシ

●地図イラスト

いつもひっそりと参加させていただいている神出鬼没なフジヤマです。今回は地図を担当しましたが、わたくし箱庭系のゲームが大好きでして、そういうのをイメージしながら描いてみました。

Pixiv ページ

http://www.pixiv.net/member.php?id=142307

よしむー！ この本を作ったTEAS 事務所って、本とか雑誌を書いたり編集するニンゲンたちらしいニャン！
このページで活動の報告をしてるみたいだよ。たまにのぞいてみようか？
http://www.studio-teas.co.jp/
https://twitter.com/studioTEAS

リリスラウダ

●ネベトヘテペト(p35)

リリスラウダ研究所

http://llauda.sakura.ne.jp/

10ji（とうじ）

●セルケト(p59)

Pixiv ページ

http://www.pixiv.net/member.php?id=1002203

しかげなぎ

●インプト＆ケベフウェト(p75)
●カットイラスト

SUGAR CUBE DOLL

http://www2u.biglobe.ne.jp/~nagi-s/

れんた

●ラタウイ(p99)

既視感

http://detectiver.com/

駒鳥（こまどり）うい

●ソティス(p115)

Pixiv ページ

http://www.pixiv.net/member.php?id=4568354

Aile（える）

●アナト(p125)

Pixiv ページ

http://www.pixiv.net/member.php?id=946272

潤咲（かんざき）まぐろ

●カデシュ(p127)

Pixiv ページ

http://www.pixiv.net/member.php?id=321155

この本を作ったスタッフを紹介しましょう。

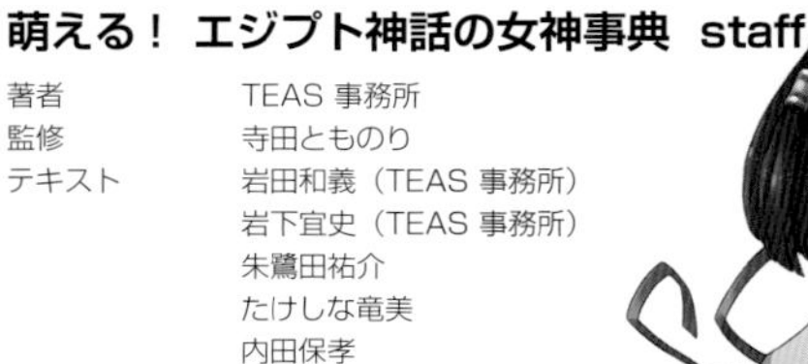

萌える！ エジプト神話の女神事典 staff

著者	TEAS 事務所
監修	寺田とものり
テキスト	岩田和義（TEAS 事務所）
	岩下宜史（TEAS 事務所）
	朱鷺田祐介
	たけしな竜美
	内田保孝
	村岡修子
	鷹海和秀
協力	當山寛人
本文デザイン	神田美智子
カバーデザイン	筑城理江子

主要参考資料

『Dictionary of Gods and Goddesses,Devils and Demons』Manfred Lurker 著（Routledge）
『Encyclopedia of African Religion Volume 101』Molefi Kete Asante、Ama Mazama 著（SAGE Publications, Inc）
『The Intrepid Wanderer's Guide to Ancient Egyptian Goddesses』Zachary Gray 著（Zachary Gray）
『The Rise and Fall of the Middle Kingdom in Thebes』Herbert Eustis Winlock 著（Macmillan）
『エジプト神話』ヴェロニカ・イオンズ 著／酒井傳六 訳（青土社）
『エジプト神話集成』杉勇、屋形禎亮 訳（筑摩書房）
『エジプト神話シンボル事典』マンフレート・ルルカー 著／山下主一郎 訳（大修館書店）
『エジプト神話の図像学』クリスチアヌ・デローシュ・ノブルクール 著／小宮正弘 訳（河出書房新社）
『エジプトの神々』J・チェルニー 著／吉成薫、吉成美登里 訳（弥呂久）
『エジプトの神々 古代の神と王の小事典 2』ジョージ・ハート 著／近藤二郎 監訳／鈴木八司 訳（學藝書林）
『エジプトの死者の書 宗教思想の根源を探る』坂上玄一郎 著（人文書院）
『エジプトの神話』ジョージ・ハート 著／阿野令子 訳（丸善）
『エジプトの神話 兄弟神のあらそい』矢島文夫 著（筑摩書房）
『エジプト文化入門』エーベルハルト・オットー 著／吉成薫 訳（弥呂久）
『おなら大全』ロミ、ジャン・フェクサス 著／高遠弘美 訳（作品社）
『神の文化史事典』松村一男、平藤喜久子、山田仁史 著（白水社）
『カラー版死者の書 古代エジプトの遺産パピルス』矢島文夫 著／遠藤紀勝 写真（社会思想社）
『逆説の世界史 1 古代エジプトと中華帝国の興廃』井沢元彦 著（小学館）
『古代エジプト 失われた世界の解読』笈川博一 著（講談社）
『古代エジプト神々大百科』リチャード・H・ウィルキンソン 著／内田杉彦 訳（東洋書林）
『古代エジプト神殿大百科』リチャード・H・ウィルキンソン 著／内田杉彦 訳（東洋書林）
『古代エジプト 地図で読む世界の歴史』ビル・マンリー 著／鈴木まどか 監修／吉田実 訳（河出書房新社）
『古代エジプト入門』ジョージ・ハート 著／リリーフシステムズ 訳（あすなろ書房）
『古代エジプトの神々 その誕生と発展』三笠宮崇仁 著（日本放送出版協会）
『古代エジプトの埋葬習慣』和田浩一郎 著（ポプラ社）
『古代エジプトの歴史 新王国時代からプトレマイオス朝時代まで』山花京子 著（慶應義塾大学出版会）
『古代エジプト ビジュアル学習図鑑ディスカバリー』ジョージ・ハート 著／本地忍 訳（金の星社）
『古代エジプト文明 歴代王国 3000 年を旅する』レンツォ・ロッシ 著／松本弥 訳（PHP 研究所）
『古代メソポタミアの神々 世界最古の「王と神の饗宴」』岡田明子、小林登志子 著／三笠宮崇仁 監修（集英社）
『最新エジプト学 蘇る「王家の谷」』近藤二郎 著（新日本出版社）
『図解古代エジプトシンボル事典』リチャード・H・ウィルキンソン 著／近藤二郎 監修／伊藤はるみ 訳（原書房）
『図説エジプト神話物語』ジョナサン・ディー 著／山本史郎、山本泰子 訳（原書房）
『図説エジプトの神々事典』ステファヌ・ロッシーニ、リュト・シュマン=アンテルム 著／矢島文夫、吉田春美 訳（河出書房新社）
『図説エジプトの「死者の書」』村治笙子、片岸直美、仁田三夫 著（河出書房新社）
『図説古代エジプト史 古代エジプトの神々』松本弥 著（平河工業社）
『図説古代エジプトの女性たち よみがえる沈黙の世界』ザビ・ハワス 著／吉村作治、西川厚 訳（原書房）
『図説世界女神大全Ⅰ・Ⅱ』アン・バリン、ジュールズ・キャシュフォード 著／森雅子、藤原達也 訳（原書房）
『図説ヒエログリフ事典』マリア・カルメラ・ベトロ 著／吉村作治 監修／南條郁子 訳（創元社）
『世界神話事典』大林太良、吉田敦彦、伊藤清司、松村一男 編（角川書店）
『世界神話伝説体系 3 エジプトの神話伝説』中島孤島 著（名著普及会）
『世界の神話百科東洋編 エジプトからインド、中国まで』レイチェル・ストーム 著／山本史郎、山本泰子 訳（原書房）
『世界女神大辞典』松村一男、沖田瑞穂、森雅子 編（原書房）
『大英博物館 古代エジプト百科事典』イアン・ジョー、ポール・ニコルソン 著／内田杉彦 訳（原書房）
『大英博物館 図説古代エジプト史』A・J・スペンサー 著／近藤二郎 監訳（原書房）
『知識ゼロからのエジプト入門』近藤二郎 著（幻冬舎）
『超ヴィジュアル古代エジプト』オフィス JB 著（双葉社）
『爆笑エジプト神話 』シブサワ・コウ 編（光栄）
『ヒエログリフ解読法 古代エジプトの文字を読んでみよう』マーク・コリア、ビル・マンリー 著／近藤二郎 監修／坂本真理 訳（ニュートンプレス）
『ヒエログリフを書こう！』フィリップ・アーダ 著／吉村作治 監修／林啓恵 訳（翔泳社）
『ヒエログリフを愉しむ 古代エジプト聖刻文字の世界』近藤二郎 著（集英社）
『ピラミッド事典』ジェームズ・パトナム 著／鈴木八司 監修（あすなろ書房 ）
『ファラオの生活文化図鑑』ギャリー・J・ショー 著／近藤二郎 訳（原書房）
『女神 聖と性の人類学』三尾裕子、八木祐子、ほか 9 名 著／田中雅一 編（平凡社）
『ラルース世界の神々・神話百科 ヴィジュアル版』フェルナン・コント 著／蔵持不三也 訳（原書房 ）
『わかってきた星座神話の起源 エジプト・ナイルの星座』近藤二郎 著（誠文堂新光社）

■エジプト神話索引

萌える！ エジプト神話の女神事典

2017年4月14日 初版発行

著者　TEAS事務所
発行人　松下大介
発行所　株式会社 ホビージャパン
〒151-0053　東京都渋谷区代々木2-15-8
電話　03（5304）7602（編集）
03（5304）9112（営業）

印刷所　株式会社廣済堂

Printed in Japan
ISBN978-4-7986-1435-9 C0076